하이데거와
인간실존의 본래성

하이데거와 인간실존의 본래성

본래성과 퇴락의 양립 가능성에 대하여

● 설민 지음

한국학술정보㈜

　인간은 어떤 점에서 여타의 존재자들과 구별되는가? 누군가는 인간만이 의식을 지닌 존재자라고, 혹은 자기의식이라는 반성적인 능력을 지닌 존재자라고 답변할 수 있을 것이다. 이것은 물론 틀린 말이 아니다. 적어도 지금까지 알려진 바로는 인간만이 언어를 매개로 하여 의식적으로 사고를 할 수 있으며 또한 그러한 사고에 대하여 다시금 반성적으로 인지할 수 있다. 인간은 사고하며 그렇게 사고하고 있다는 사실 자체를 반성할 수 있는 유일한 동물인 것이다. 그렇다면 그러한 반성적 자기의식이 인간을 인간으로서 규정하는 궁극적 심급인가? 하지만 이에 대하여 나로서는 동의하기 어렵다. 이러한 자기의식보다도 더욱 근원적으로 인간을 인간으로서 그 어떠한 다른 존재자와도 구별되게 만드는 근본적 특징은 다른 데 있지 않을까? 아마도 그것은 인간만이 스스로 자신의 삶 자체를 문제 삼을 수 있다는 사실, 즉 나 자신의 실존이유에 대하여 의문을 제기할 수 있다는 사실, 바로 그것일 터이다. 비록 우리가 흔히 인간만의 이러한 고유한 능력을 등한히 할 때가 많더라도.

당신은 왜 사는가? 당신은 왜 존재하는가? 이 물음만큼 당신을 지독한 심연으로 빠뜨리는 물음이 또 있는가? 당신의 존재 전체를, 아니 당신의 존재 그 자체를 한꺼번에 휘어 감는 거대한 위력 아래 당신을 압도시키는 이 물음보다도 더 중차대한 물음이 도대체 또 있는가? 그런데 오늘날의 일반적인 사람들에게, 어쩌면 특히나 교양 있고 박식한 현대인들에게 '당신은 왜 사는가?'라는 절체절명의 물음을 직접 던진다면, 그들은 짐짓 냉소적인 미소까지 띠어 가면서 그런 물음에 정답 따위는 없다는 간편한 답변을 제시할지도 모른다. 심지어는 이 물음에 대하여 제대로 한 번 깊이 있게 숙고해 본 적조차도 없으면서 말이다.

그들의 답변은 어떤 점에서는 분명 옳다. 명예를 위해서이건, 부를 위해서이건, 육체적 쾌락을 위해서이건, 심미적 충족감을 위해서이건, 친밀한 애정을 위해서이건, 심지어는 세계평화를 위해서이건, 인류의 안녕을 위해서이건, 자연과 생태를 위해서이건, 그 무엇이건 간에 삶의 목적 혹은 삶의 의미에 대한 고정된 정답 따위는 존재하지 않을 것이다. 그것은 옳다. 왜냐하면 이러한 것들이 각기 그 누군가에게 삶의 목적으로서 제시된다고 한들 그것이 만인에게 획일적으로 통용되기는 어려울뿐더러, 설사 만인에게 수긍된다고 하여도 저 물음은 언제든지 다시금 솟구쳐 한 개별자로서의 당신을 사로잡아버릴 수 있기 때문이다. 삶의 의미의 문제에 대한 정답은 없다. 그럼에도 '정답은 없다'는 그 간편하기 이를 데 없는 대응이 저 물음에 대한 적합한 태도인지는 심히 의문스럽다.

나는 그러한 의문으로부터 철학을 시작했다. 적어도 나의 경우에는 철학의 본령은 이 물음에 있다고 믿는다. 비록 무수히 많은 철학자에게 그만큼 다양한 '유일한' 철학적 물음'들'이 있어 왔지만 말이다. 그런데 이 물음에는 그에 정확히 상응하는 반대 짝의 물음이 있다. 이 우주는 왜 존재하는가? 이 무수한 존재자들은 도대체 왜 존재하는가? 이 물음은 저 물음에 상응하는 물음으로서 궁극적으로 양자는 동일한 물음에 속한다. 저 물음이 '나'의 존재에 대한 물음인 반면, 이 물음은 '나'를 제외한 — 혹은 하나의 존재자로서의 '나'까지도 포함한 — 온갖 존재자의 존재에 대한 물음이다. 이 물음은 우주 삼라만상이 존재한다는 바로 그 소박하면서도 극히 경이로운 사실 자체로부터 발원하는 것이다. 나의 존재이유에 대한 저 물음과 존재자 전체의 존재이유에 대한 이 물음의 근저에는 공통적으로 존재에 대한 물음이 깔려 있다.

양 물음을 포괄하는 최종형태로서 존재에 대한 물음이 결정적인 철학적 과제라 생각된다. 그런데 이 물음은 비단 나에게만 중요한 철학적 물음인 것이 아니라 서양 철학사를 관통하여 제기된 "존재자는 무엇인가?"라는 형이상학적 물음의 근저에 숨겨진 채 관류하는 물음이기도 하다. 다만 거기에서 '왜?'라는 물음이 '어떻게'라는 물음으로 환치되어 그 원본적 물음만이 지닌 고유한 깊이와 두께를 상실해 버리고 말았지만 말이다. 다시 말해서 존재에 대한 물음은 존재자의 존재근거 혹은 발생 원인을 하나씩 역으로 되짚어 나가는 탐구방식으로는 해명될 수 없는 것인데도 그런 방향에 입각하여 물음이 전개되었다는 것이다.

'나'의 존재에 대한 물음과 여타의 존재자의 존재에 대한 물음, 이렇게 양 갈래로 나뉘는 물음들의 원천으로서의 근본물음에 해당하는 존재 그 자체에 대한 물음. 바로 이 물음에 대한 고찰이 긴요하다. 그러나 그 최종물음 이전에 우선 전자의 물음부터 고찰하는 것, 그것이 이 책의 주제와 밀접하게 연관된다. 실상 전자의 물음이 저 근본물음으로서의 존재물음에 대한 성숙한 이해가 마련될 때에야 비로소 온전하게 다루어질 수 있을 것임이 희미하게나마 직감되지만, 우선 여기에서는 '나'의 존재에 대한 물음을 개진하고자 한다.

어쩌면 논의를 시작하기도 전에 어떤 반론이 제기될지도 모른다. '나는 왜 사는가?'라는 일견 식상해 보이기까지 한 고래(古來)의 물음을 붙잡고 늘어지는 것은 도무지 무익한 일일 따름이라고 말이다. '무익하다.' 그것 또한 옳은 소리이다. 그 문제를 파고드는 것은 유용성의 관점에서 계산하자면 아무런 가치를 부여받지 못하는 일이다. 그러나 나의 존재의 뿌리를 건드리는 심원한 물음을 되묻는 일이 아무런 유용한 가치를 산출하지 못한다는 점에서 무익하다고 해서 문제될 것이 뭐가 있겠는가? 오히려 유용한 가치로서 산정되는 많은 것들 역시도 이 근본물음에 어떻게든 대처할 적절한 태도를 우리가 구해 내지 못한다면, 어떠한 참된 소용도 상실하고 마는 것은 아닌가? 또한 설사 이러한 탐구가 실패로 그치고 아무런 그럴듯한 답변을 제공해 주지 못한다고 할지라도 이러한 탐구 작업 자체는 그 자체로서 유의미성을 획득하지 않을까? 나는 이런 식으로 반문하고 싶다.

자기존재에 관한 실존적 의미에 대한 물음, 간단히 줄이자면 실존문제, 이것이 『하이데거와 인간실존의 본래성』이라는 본서에서 비중 있게 다루어질 것이다. 하지만 그것이 여기서 전개될 핵심적 테제라고 말하기는 어렵다. 이 책의 핵심적 테제는 독일 철학자, 마르틴 하이데거(Martin Heidegger)가 '본래성(Eigentlichkeit)'이라는 명칭으로 설정한 인간의 특정한 실존양태와 흔히 하이데거 연구가들 사이에서 그것에 상반되는 것으로 해석되는 '퇴락(Verfallen)'이라는 인간의 근본적 유한성이 상호양립 가능한 관계에 있음을 보여주는 것이다. 이 책 전체가 이러한 하나의 결론을 도출하기 위한 긴 논변의 형식을 취하고 있는 탓에, 그뿐만 아니라 애초에 이 글이 학술적 형식을 갖추어야 한다는 강제 아래 쓰인 것이기 때문에, ― 본서는 나의 석사학위논문을 대거 수정한 글이다 ― 또한 그 결과 다분히 문헌학적 색채를 띠고 있기 때문에, 이 책은 진정한 철학서라면 갖추고 있어야 할 팽팽한 긴장감과 흡인력도 없을뿐더러, 특히나 비전공자들에게는 그다지 중요하게 여겨지지 않을지도 모른다.

그럼에도 이 책에는 그 누구라도 관심을 갖지 않을 수 없는 저 절박한 실존문제가 함께 노정되어 있다. 본래적인 실존이란 다름 아니라 바로 이 문제에 대한 자신의 고유한 답변을 찾아낸 인간 혹은 문제의 정답을 제공하는 것은 아닐지라도 그에 대한 적절한 태도를 찾아낸 인간이라고 할 수 있다. 이 책에서 주장하는 본래성과 퇴락의 양립이라는 거창한 문구도 따라서 실존문제에 대한 적절한 태도를 찾아낸 인간 역시도 세상사로부터 초탈하는 것이 아니라 오히려 거기에 전혀 새로운 방식으로이기는 하나 다시금 뛰어드는 것임을 말하는 것에 다름 아니다. 그러므로 이 책이 명시적으로 실존문제를 으뜸 주제로 삼고 있지는 않을지라도 항시 그 문제는 이 책 전체에 걸쳐 잠재해 있는 것이다.

본서는 서문과 도입부, 세 장의 본론 및 짤막한 결론으로 구성되어 있다. 서문에서는 지금까지 논의한 실존문제가 직접적으로 논의된다. 그 문제에 맞서 철학적으로 대응할 수 있는 두 가지 유형이 제시될 것이며 그 유형의 대표자로서 각각 니체와 하이데거의 대응방식이 소개될 것이다. 나는 그 가운데 후자의 손을 들어줄 것이다. 하이데거에 관해서도 마찬가지이지만 니체에 관한 해석은 어렵기도 하거니와 대단히 그 폭이 넓어 다종다양한 해석을 낳는다. 여기서 전개될 니체 해석은 전혀 특별히 새로울 것이 없는 것이기는 하지만 그러한 폭넓은 해석 가능성들을 고려해 보건대 본 해석이 니체가 진정 추구한 것과 부합하지 않는다는 비판이 제기될지도 모른다. 하지만 설사 정말로 그렇게 부합하지 않는다손 치더라도 나의 입장에서는 별문제 될 것이 없다. 왜냐하면 본서의 맥락에서 중요한 것은 실상 실존문제에 관한 하나의 주요한 철학적 대응 유형으로서의 니체의 — 혹은 니체가 아니라고 한다면 아무개의 — 방안이기 때문이다. 한편 실존문제에 대하여 하이데거가 제시하는 대응방식을 체화한 인간의 실존방식이 곧 본서의 핵심적 내용의 한 축인 '본래성'이다. 그러므로 서문은 실존문제에 있어서뿐만 아니라 이후에 전개될 본 주제를 위해서도 중요하다.

도입부에서는 먼저 하이데거가 인간을 어떻게 규정하는가, 즉 현존재(Dasein)와 그것의 본질로서의 실존에 대한 논의가 이루어질 것이다. 여기에서는 하이데거의 인간규정이 종래의 형이상학의 인간규정과 어떤 점에서 근본적으로 상이한지가 양자의 상이한 시간관에 입각하여 해명될 것이다. 다음으로 '본래성'과 '퇴락'에 관하여 본서에서 다루어질 문제가 무엇인지 밝혀질 것이다. 하이데거의 전기사상이 압축된 1927년의 대저(大著) 『존재와 시간』에서 그 두 주요 개념이 어떻게 해석되어야 그 저서의 다른 부분들과, 그리고 나아가 그의 전기사상 전체와, 그리고 최종적으로는 우리가 접하고 있는 사태의 실상과 잘 조화될 것인가가 관건이다. 그러한 문제제기에 뒤이어 그 문제에 대하여 취할 수 있는 네 가지 가능한 입장들이 언급될 것이다. 나 역시 그 네 입장들 가운데 하나의 입장을 취하고 있다.

본론의 첫 번째 부분에서는 그러한 네 입장들 가운데 내가 지지하는 하나의 입장을 제외한 다른 세 입장들이 철저하게 논박될 것이다. 그러한 논박을 위해서는 그 입장을 상세히 소묘하는 작업이 불가피하다. 제 입장들의 소묘과정에서는 또한 하이데거의 전기사상의 주요 개념들이 다소간 두서없이 다루어질 것이다. 이때 소묘될 각 입장은 정통한 하이데거 연구자들의 연구성과를 중심으로 해설될 것이므로 하이데거 전공자들에게도 어느 정도 도움이 될 수 있을 것이다. 또한 난해할 수도 있겠으나 하이데거 사상의 문외한에게도 이후의 독해를 위한 기초적 개념파악에 조금은 도움이 되리라 생각된다.

'본래성'과 '퇴락'이라는 인간에게 나타나는, 혹은 은폐되어 있는—혹은 역설적이지만 은폐된 채로 나타나는—두 현상이 본서의 핵심 축이라고 하겠다. 본론의 두 번째 부분에서는 퇴락의 제 현상들에 대한 치밀하고도 체계적이며 종합적인 분석이 수행될 것인데, 여기에서는 미국의 한 하이데거 연구자의 분석에 어느 정도 빚을 질 예정이다. 하지만 그의 분석은 몇 가지 한계 또한 드러내고 있으므로 이에 대한 비판 역시도 다각도로 이루어질 것이다. 특히 실존 문제와 관련하여 그가 하이데거에게 제기하는 비판 및 그에 대하여 행해질 재비판 작업은 무척 중요하다.

퇴락의 분석 이후에 본래성을 이루는 몇 가지 핵심적인 요소들에 대한 설명이 본론의 세 번째 부분에서 이루어질 것이다. 그리고 그 직후에 본래성과 퇴락이 어떻게 양립하는지가 본래성의 지속성에 대한 해명을 바탕으로 제시될 것이다. 이에 덧붙여 본래성에서도 잔존하는 퇴락의 유형들에 대해 논의하고, 그럼에도 그것이 비본래성이라는 본래성의 한갓된 대립쌍과는 철저하게 구별되는 것임을 강조함으로써 본론이 마무리될 것이다. 끝으로 결론에서는 지금까지 본론에서 개진된 논의의 핵심이 한 번 더 요약적으로 강조될 것이다.

비록 보잘것없지만 이 자그마한 책 한 권이 세상의 빛을 보기까지는 많은 사람들에게 은혜를 입었기에, 이 자리를 빌려 그들에게 감사를 표하고 싶다. 처음에 대학원에 진입할 때만 해도 일천한 독일어 실력에다가 하이데거 사상에 대한 지식은 거의 진공상태나 다름없었는데 그나마 이렇게 한 권의 책을 출간할 수 있을 정도로까지 학문적 성숙을 일구어 낼 수 있었던 것은 관심과 배려 속에서 지도를 다해 주신 박찬국 선생님의 은공이다. 또한 초기의 반대에도 불구하고 학문의 길의 걷겠다는 자식의 뜻을 십분 이해하여 주시며 나의 선택을 믿고 꾸준히 지지해 주신 부모님께도 심심한 감사를 드린다. 마지막으로 도무지 대중성이라고는 없어 보이는 책을 출간할 수 있도록 허락해 주신 한국학술정보(주)의 채종준 사장님을 비롯한 출판사 관계자분들께도 진심으로 감사의 인사를 전한다.

이천구년 구월
설 민

제1장 도입

제2장 기존의 주요 연구들에 대한 비판적 검토

제3장 퇴락의 제 영상들에 대한 분석

서 문

실존문제와 그에 대한 두 가지 철학적 대응 유형

1. 실존문제란 무엇인가

오늘날 우리는 지금껏 인류가 지내왔던 그 어떤 시대보다도 진보한 시대에 살고 있다. 근대사회의 도래에 따른 신분제의 타파는 시민의식의 성장과 더불어 인간에게 자유를 증대해 줌으로써 이전에는 누릴 수 없었던 인간의 새로운 가능성들을 확보해 주었다. 또한 근대과학의 발전과 더불어 산업혁명 이래 촉발된 기술개발의 가속화는 우리에게 윤택하고 편리한 삶을 보장해 주었으며, 특히나 이십 세기 이후 종래에 상상조차 할 수 없었던 기술개발의 결정체들이 발명되어 우리에게 더욱더 안락하고 쾌적한 삶을 제공해 주고 있다. 이러한 자유의 신장과 기술의 발전은 누구도 부인하기 어려운 근대 인류의 성취물이다. 그러나 한편으로 냉정하게 돌이켜 생각해 보건대 이러한 성취와는 별도로 혹은 어쩌면 오히려 이른바 이러한 인류문명의 '진보'가 가속화되어 갈수록, 우리에게는 정체를 규명하기 힘든 내면적 공허가 밀려오지는 않는가? 인류의 이러한 가공할 발전에도 불구하고 우리에게는 부단히 공허가 예기치 않은 형태로 엄습해 오지 않는가?

인간의 내적 공허, 그것은 우리에게 대개는 의식화되지 않은 형태로 자리 잡고 있기 때문에 "공허가 우리를 지배한다."라는 표현은 가당찮은 것으로 여겨질지도 모른다. 그러나 실상 공허가 우리에게 주재하고 있음에도 불구하고, 다시 말해서 허무가 우리의 어깨를 내리누르고 있음에도 불구하고 우리가 그로부터 끊임없이 도피하는 탓에 그러한 공허를 다만 제대로 인지하지 못하고 있는 것일 뿐이라면 어떨까? 드물지만 명백히 그러한 공허는 우리를 침입하기도 한다. 그때 공허는 우리를 세계로부터 이격시키고 세계의 그 어떠한 존재자도 의미를 상실하고 마는 으스스한 기분으로 우리를 몰아가면서 총체적인 무의미의 한가운데에서 우리에게 하나의 물음을 던지게끔 만든다. "나는 여기이 무의미의 한가운데에서 어떤 이유로 존재하고 있는가?", "도대체 내게 삶의 의미는 무엇인가?", 짧게는 "나는 왜 사는가?" 이런 유형의 물음들이 그때 우리에게서 솟구친다. 내적 공허가 우리의 폐부를 깊숙이 찔러올 때, 우리는 자신의 실존이유에 대해 직접 명시적으로 의문을 제기한다. 이것을 나는 실존문제라고 명명하고자 한다. '내적 공허'가

각자 자신에게 명료하게 주제화되지 못한 채로 현대인에게 만연하는 현상이라면, '실존문제'는 그것이 실존을 침투함으로써 자신의 삶에 대한 허무주의적 물음을 제기하게 만드는 경우라고 할 수 있다. 또한 '삶의 의미의 문제'가 비교적 일상적으로 물어질 수 있는 성질의 것이라면, '실존문제'는 근원적으로는 그것과 다르지 않으나 전자보다는 훨씬 확고하게 공허에 사로잡힌 결과 극단적인 형태로 제기되는 성질의 문제라고 할 수 있다. 그것들을 의도적으로 구별하기는 하였으나 내적 공허이든, 실존문제이든, 삶의 의미의 문제이든 그것들은 모두 동일한 맥락에서 논의될 수 있으며 또한 그것들은 모두 허무주의 및 그것의 극복과도 직접적으로 연관된다.

근래에 영미철학계에서는 삶의 의미의 문제를 둘러싸고 많은 연구와 논쟁이 전개되고 있다.[1] 메츠(2007)에 따르면 그에 관한 논의의 요점은 크게 두 가지로 나뉜다. 우선 해당 문제에 대한 메타적 문제제기로서 '의미의 의미' 문제, 즉 '삶의 의미'라고 말할 때의 그 '의미'란 개념적으로 어떤 것을 지칭하는가에 관한 논의가 있다. 가령 '삶의 의미'가 '행복'이나 '정의' 등과 어떤 점에서 개념적으로 구별되

---

1) Thaddeus Metz, "The Meaning of Life", Stanford Encyclopedia of Philosophy, first published Tue May 15, 2007(http://plato.stanford.edu/entries/life-meaning/).

는지를 분석하는 작업이라든가, '삶의 의미'의 의미를 직접적으로 정의하는 작업, 이를테면 그것을 '선택할 가치가 있는 목적들의 성취'라는 식으로 정의하는 작업 따위가 여기에 속한다.

다음으로 삶의 의미를 어떻게 획득할 수 있는가와 관련한 논의가 있다. 서문에서 전개될 전반적인 논의도 실상 여기에 속하는 것이다. 이와 관련하여 메츠는 '초자연주의', '자연주의', '허무주의'의 세 가지 입장을 대별한다. 첫째로 영혼의 영역, 즉 신이나 영혼과의 올바른 관계를 통해서 삶의 의미가 구해진다는 '초자연주의'의 입장이 있다. 이를테면 신이 부과하는 사명에 대한 책임을 이행함으로써 삶의 의미가 획득된다는 것이다. 둘째로는 과학에 의해서 인식될 수 있는 물리적인 세계 내에서 삶의 의미가 구해질 수 있다는 '자연주의'의 입장이 있다. 이 자연주의의 입장은 또 다시 '주관주의'와 '객관주의'로 나뉜다. 삶의 의미가 개개인마다 상이한 주관적 욕구나 목표, 선택 등에 의해 의존한다는 것이 '주관주의'의 입장이라면, 주관과는 독립적으로 불변적인 의미의 기준이 객관적으로 실재한다는 것이 '객관주의'의 입장이다. 실은 이 초자연주의와 자연주의의 두 입장 사이에는 삶의 의미란 영혼적인 것도 물리적인 것도 아닌 제삼의 성질을 갖는다는 입장도 논리적으로 가능하다. 하지만 실제로 이러한 입장을 지지하는 철학자는 영미철학계에서 거의 발견되지 않는다고 한다. '초자연주의'와 '자연주의'의 입장이 삶의 의미가 어디에서 구해질 수 있는가라는 전제에서 논의가 이루어진다면, 그것이 어디에서도 발견되는 않는다고 주장하는 '허무주의'의 입장이 또한 있을 수 있다. 특히 이 부분이 향후의 논의와 상당 부분 관련되기에 이것을 특별히 상세화하고자 한다.

메츠(2007)는 대략 네 가지 허무주의적 입장을 언급하고 있다. 초자연적인 의미에 대한 인간의 욕구와 무의미한 세계 사이의 갈등이 부조리를 빚어낸다는 카뮈의 허무주의, 인간은 원하는 만족을 아직 성취하지 못했거나 성취했을 경우에는 벌써 그것에 권태를 느끼기 때문에 끊임없이 삶에 불만족할 수밖에 없다는 쇼펜하우어적 허무주의, '모든 것이 허용된다'는 도덕적 질서의 부재가 삶의 무의미를 낳는다는 도덕적 상대주의의 수반결과로서의 허무주의, '우주의 관점'이라는 극단적인 외재적 관점에 서서 수십억 년이 넘는 수명과 수백억 광년의 크기를 지닌 우주공간을 고려해 보건대 자신의 삶의 그 어느 것도 사소하기 그지없다는 자각에서 허무가 비롯된다는 네이글(T. Nagel)의 허무주의가 소개되고 있다.

삶의 의미의 문제에 대한 이상의 영미철학계의 논의는 분명 나름의 의의를 갖는다. 그럼에도 그와 관련하여 몇 가지 지적되어야 할 한계가 있다. 우선 영혼과 물리적 세계의 이분법 및 주관과 객관의 이분법의 전제 그리고 주관의 물리적 세계로의 환원 가능성 등은 결코 철학적으로 자명한 것이 아니다. 또한 삶의 의미라는 문제가 과연 인간실존에 대한 근본적인 성찰 없이 그들의 주요 방법론적 수단인 개념적인 분석만으로 충분히 접근될 수 있는 것인가에 대하여 의구심을 지울 수가 없다. 그런 까닭에 여기에서는 그들과는 다른 방향에 입각하여 삶의 의미 문제 그리고 실존문제에 접근하고자 한다.

나는 우선 허무가 현대인에게 만연해 있는 현상이라는 데에서부터 논의를 출발한다. 이것은 언뜻 허무주의처럼 들릴 수도 있다. 그러나 허무주의를 인간은 허무로부터 벗어날 수 없음을 설하는 사조라고 정의한다면, 단지 대다수의 현대인이 허무에 붙잡혀 있다고 지적하는 것만으로는 허무주의라고 불릴 수 없다. 그러한 지적이 그 자체만으로 허무의 극복 가능성의 배제를 함축하는 것은 아니기 때문이다. 그런데 내적 공허가 현대인에게 두루 나타나는 현상이라는 이 논의의 출발점은 물론 과학적인 통계수치에 따라서는 입증될 수가 없을 것이다. 더욱이 과학적, 의학적 접근에 따르자면, 내적 공허 내지 실존문제라고 불리는 것은 그것이 실재하는 현상임을 인정한다고 하더라도 현대인에게 보편적인 현상이 아니라 소수의 사람들에게서만 나타나는 비정상적 병리현상이며, 따라서 그것은 신경심리학적, 혹은 정신의학적 치료에 의해서 해결되어야 할 문제이지 현대인을 지배하는 보편적인 문제는 아니라는 식의 반론이 제기될지도 모른다. 그렇기에 나는 우선 내적 공허가 소수에게 한정되는 한갓된 병리현상이 아니라 인간에게, 특히 근대 이래의 인간에게 보편적으로 만연하는 현상임을 다소간 정신분석학적 견지에서 입증하고자 시도한다. 이러한 시도는 에리히 프롬(Erich Fromm)의 저서들에서 직간접적으로 시사받은 것임을 먼저 밝혀둔다.[2]

인간에게는 그 어떠한 존재자와도 달리 명료한 자기의식이 주어져 있다. 다시 말해서 인간은 자기를 자기 자신으로서 인지할 수 있다. 이 틀림없는 사실이 결정적으로 중요하다. 동물이 지닌 본능적 수준으로는 자기로부터 외부의 타자를 명료하게 구별해 낼 수가 없다. 그들에게는 세계와 자기의 명료한 경계선이 없이 모호하게 세계를 대면한다. 자신 이외의 모든 사물들로부터 자신을 구별해낼 수 있는 의식을 지니지 못한 동물은 그에 따른 결과로서 또한 자기 자신에 대한 확고한 의식을 갖출 수가 없다. 반면 인간은 개체의 수준으로는 유아기를 경과하면서, 종적인 수준으로

---

2) 에리히 프롬, 『자유로부터의 도피』, 원창화 역, 서울: 홍신, 2009, 『의혹과 행동』, 최혁순 역, 서울: 범우사, 1999 참조. 또한 박찬국(2001)은 『에리히 프롬과의 대화』 '제3부 제1장 인간이란 무엇인가? —프롬의 인간학'에서 해당 문제가 인간의 근본조건에서 비롯되는 것이라는 프롬의 논의를 주제적으로 다루고 있다. 박찬국, 『에리히 프롬과의 대화』, 서울: 철학과 현실사, 2001.

는 생물학적 혹은 고고학상의 유인원의 특정 진화단계에서, 의식과 언어를 획득하면서 이를 기반으로 하여 자기 자신을 세계와 타자로부터 구별하고 자신의 존재의 독립적 기반을 확보하였다. 자기의식의 수립을 통한 자신의 독자적 존립기반의 확보 혹은 자기의 독립적 실체화는 이렇게 세계와 타자로부터의 자기 분리라는 대가를 치르고서 달성되었다.

자신을 세계로부터 독립된 존재로서 상정하자마자 자기의식은 자연스레 자기의 존재의 안정성을 마련해 줄 확고한 지지대를 찾으려고 든다. 그것은 분리를 겪은 자기의식의 근원적인 열망과도 같다. 하지만 사실상 거기에는 어떠한 영구적 받침대도 주어져 있지 않다. 이것이 인간의 근원적 문제이다. 그것은 실로 밑 빠진 독과도 같다. 세계와의 분리를 겪은 자기의식에게 드러나는 것은 압도하는 자연과 광활한 우주에 마주선 자신의 기반이 극히 협소하고 우연적이며 유약하고 사멸적이라는 사실, 그럼에도 오로지 자신만이 홀로 그것을 짊어져야만 한다는 사실뿐이다. 물론 이러한 사실은 명료하게 의식화되어 나타나는 것이 아니라 철저하게 무의식적으로 나타나는 것이며 그것은 대개는 단지 간헐적으로 이런저런 사후증상의 형태로만 의식에 침투한다. 이러한 인간에게는 스스로 자신의 존재를 규정해 나갈 수 있다는 의미에서 동물에게서는 결코 발견되지 않는 자유가 주어져 있다고도 말할 수 있지만, 동시에 어디에서도 자신을 받쳐줄 확고한 근거(根據)를 발견할 수가 없기 때문에 끊임없이 불안상태에 처할 수밖에 없다.

세계와의 괴리를 겪은 인간, 세계와의 원초적 일체성을 상실한 인간은 자신의 고독감과 무상감을 상쇄하기 위해서 다시금 어떤 형태로든 세계와의 조화를 달성하고자 한다. 그렇지 않고서는 저 불안감을 버티어 낼 수가 없기 때문이다. 이때 인간이 쉽게 취하는 길은 자신의 존재를 외부에 기탁함으로써 그것으로 하여금 자신의 유약하고 사멸적인 기반을 대리하게 하는 것이다. 근대 이래의 인간에게 특히 내적 공허 및 실존문제가 만연한 까닭은 자신의 존재가 기탁된 외적 대상이 지니는 것으로 상정되었던 절대성과 초월성이 근대 이후에는 점차로 그 위력을 상실해 가기 때문이다. 중세에는 신이라는 절대자의 초월적 위력에 자신의 영혼을 영원히 의탁함으로써 자신의 사멸적 한계를 제거할 수 있다고 굳건하게 믿었기 때문에, 비록 이것이 인간의 근원적 분리감과 고립감을 원천적으로 해소하는 건전한 방법인가에 대한 논의는 논외로 하더라도, 그로 인한 불안감을 충분히 억압할 수 있었다. 그러나 신의 권위의 실추와 더불어 인간은 더 이상 신으로부터 자신의 영원한 기반을 획득할 수가 없게 되었다. 그에 따라 인간은 다른 방법들에 의거하여 자신의 내적 불안감을 억압하고자 노력하였으나 그

것은 결코 신에 의존하는 것만큼 강력한 방편이 되어 줄
수가 없었다.

　근대인이 불안상태를 억압하는 방법들에는 여러 가지가
있을 수 있다. 인간은 삶에 일정한 방향을 부여해 주는 공
공적 질서체계에—여기에는 자유주의나 사회주의, 민족주
의, 애국주의 등의 각종 이데올로기뿐만 아니라 온갖 도덕
률, 규범, 인륜, 관례, 인습 등이 속할 수 있는데—종속됨으
로써 자신의 삶을 스스로 만들어 나가야 한다는 책임으로
부터 면제받음과 동시에 어떠한 규범과 가치도 절대적으로
고정되어 있지 않다는 비결정성이 초래하는 세계의 무의미
성3)으로부터도 탈피할 수 있다. 또한 인간은 나약하고 한
시적인 자신의 존재보다 월등하게 강력하고 지속적인 집단
의 한 일원이 됨으로써 국적, 소속, 신분, 계층의 지위를
통해 마련되는 비교적 안정적인 정체성을 수립할 수도 있
다. 이 밖에도 인간은 음주와 마약 혹은 섹스에의 탐닉과
같은 극단적인 도취나 쾌락의 상태에 빠짐으로써 세계와의
분리를 아예 망각하고자 애쓰는 경우도 있을 수 있다. 그
어떤 방식이든지 간에 이러한 수단들은 모두 세계와의 일
체성의 상실에 따른 근원적인 고독감을 억압하여 의식화되
지 않도록 만들기 위해 취해지는 것이다. 하지만 그것들은

---

3) 이것은 앞서 이야기한 도덕적 상대주의의 수반결과로서의 허무주의와 상통하는 것
　　이다.

저 분리에 대한 원천적인 해결방법이 되지는 못한다. 다시 말해서 이러한 수단들은 자기의식의 확보에 따른 반대급부로서의 세계와의 분리가 낳은 인간의 근원적 고독과 공허 그리고 불안을 원천적으로 해결해 주는 것이 아니라, 다만 그때그때 임기응변적으로 이로부터 도피하는 것에 불과한 것이며 그러한 근원적 공허는 무의식 속에서 계속해서 자리 잡은 채로 이따금씩 반복하여 의식으로 침투하게 되는 것이다.

이러한 분석에 따르자면 인간의 내적 공허 내지 실존문제 내지 삶의 의미의 문제는 그것이 명료하게 의식되든 단지 의식의 저변에 무의식의 상태로 억압되어 있든 항상 인간을 사로잡고 있는 문제인 것이지 단지 소수의 사회 부적응자 혹은 정신적 병약자만의 심리적 문제만은 아닌 것이다. 우리가 대개 일상에서 명시적으로 실존문제를 제기하지 않는 까닭은 단지 이미 그로부터의 안정적인 도피방법들을 어느 정도 확고하게 체득했기 때문이지 내적 공허가 근본적으로 제거되었기 때문은 아닌 것이다.

2. 실존문제에 대한 두 가지 철학적 대응 유형

자신의 실존이유에 대한 의문제기에 대하여, 혹은 그러한 물음을 야기하는 그 근저의 내적 공허의 지배에 대하여 철학은 어떠한 대응방안을 내놓을 수 있는가? 나는 여기서 상이한 유형의 두 가지 철학적 대응방안에 대해서 언급하고자 한다. 그전에 우선 한 가지 확실하게 짚고 넘어가야 할 사항이 있다. 그것은 이러한 대응방안은 결코 '눈 가리고 아웅' 하는 식의 임기응변적 대처가 되어서는 안 된다는 점이다. 다시 말해서 철학적 대응방안은 "나는 왜 사는가?"라는 실존문제에 대한 직접적인 답안을 제시함으로써, 즉 인간의 실존이유는 '무엇이다'라고 정답을 제시해 줌으로써 그 문제 자체를 해결하거나, 아니면 실존문제를 유발하는 상황 자체를 원천적으로 제거함으로써 문제를 해소해야만 한다. 요컨대 그 문제가 여전히 무의식적으로 잔존하되 그로부터 잘 도피하는 방법을 제공하는 것이어서는 안된다는 것이다.

또 한 가지 미리 지적해 두면 좋을 사항은 언급될 두 가지 철학적 대응 유형이, 상기에서 규정된 의미에 따라보건대, 모두 문제의 '해결'이 아니라 '해소'를 목표로 한다는 것이다. 즉 그 유형들은 '이 세계에서 내가 실존하는 이유는 무엇인가'라는 물음에 대하여 다음과 같은 두 가지 의미에서 직접 답안을 제공하는 것이 아니다. 첫째, 인간이라는 존재자의 형이상학적 존재근거 혹은 생물학적 발생 원인을 소급해 가는 식으로 답안을 마련하는 것이 아니다. 가령 고전적 형이상학적으로 말하자면, '불변적 실체로서의 영혼이 존재하기 때문에', 그리고 현대 생물학적으로 말하자면, '자연선택의 과정에서 영장류가 진화하였기 때문에'라는 식의 설명은 전적으로 물음의 애초의 의도로부터 어긋난 것으로서 적어도 실존문제에 있어서는 아무런 도움이 되지 않는다. 둘째, 특정한 개인적, 사회적, 공공적 목표를 위한 것이라는 식의 답변이 제시되지 않을 것이다. 그것이 부를 위해서이건, 명예를 위해서이건, 세계평화를 위해서이건, 인류의 안녕을 위해서이건 간에 특정한 목표의 지향이 실존이유 혹은 삶의 의미로서 기능하는 것은 개개인이 처한 정황에 따라서 얼마든지 상이할 수 있는 것으로서 보편성을 추구하는 철학에게는 관심사가 될 수 없다. 더욱이 이러한 특정 목표지향은 반드시 그렇지는 않을지라도 대개는 단지 저 고독과 불안으로부터의 도피의 방식으로 작용하기 십상이다.

아래에서는 실존문제에 대한 두 가지 철학적 대응 유형이 논의될 것인데 구체적으로는 그 각각의 범형(範型)으로서 니체와 하이데거의 대응방안이 소개될 것이다. 두 유형은 두 가지 점에서 동일한 전제로부터 출발한다. 그 하나는 앞서 여기에서도 논의의 출발점으로 삼아졌던 것으로서 근대인은 혹은 더 보편적으로는 인간은 대개 공허에 붙잡혀 있으나 다만 그것을 충분히 자각하고 있지 못할 뿐이라는 점이다. 또 다른 하나는 바로 이러한 공허의 사실에 대한 직시와 충분한 자각 및 성찰이 역으로 공허의 극복을 낳게 하는 원동력 혹은 출발점이라는 것이다. 한편 두 유형의 결정적 차이점은 전자의 경우 그 원동력이 자아의 의지로부터 비롯되는 것이라고 말해질 수 있는 반면에, 후자의 경우 그것은 자아라기보다는 오히려 그 '바깥'으로부터 비롯하며 이것은 또한 자아 자체에 대한 철저한 인식의 전환을 함께 요구한다는 것이다.

첫 번째 유형은 허무주의가 가르치는 진실, 즉 모든 것이 전적으로 무의미하다는 참혹한 현실을 우선은 직시하되, 그럼에도 그 이면에 깔려 있는 의미에 대한 부단한 요구 자체가 실은 현세적 세계의 부정과 초월적 세계에의 갈망으로부터 비롯되고 있는 것임을 깨달으면서 초월적인 의미 따위는 없다는 사실을 뿌리깊이 인지하고 오로지 이 현 세계에서 자기 자신의 힘만으로 의미와 가치를 구축해 내는 것이다. 이에 따르면 실존문제는 우리의 초월에 대한 동경이 낳은 환상이며 그러한 동경심을 철저히 제거할 때에만 우리는 실존문제를 극복할 수 있다. 여기에는 니체 외에도 자신의 철학을 무신론적 실존주의로서 표방한 사르트르가 속한다.[4] 또한 나로서는 반대하지만 일부의 연구자들의 해석에 따르자면 '영웅적 허무주의(heroischer Nihilismus)'로 불리는 하이데거의 전기사상 역시도 넓은 맥락에서 이러한 유형에 속하게 된다.[5] 뿐만 아니라 상기에서 허무주의의 하나로서 언급된 카뮈의 사상 역시 그것이 순전한 허무주의에 머물기를 원하지 않는다면 자연히 이러한 유형에 속할 수밖에 없다.

한편 두 번째 유형은 허무에 사로잡힐 때 세계는 우선 순전히 무의미한 것으로 나타나지만 거기에서는 또한 동시에 초월적이고 절대적인 의미까지는 아닐지라도 일종의 의사(擬似)초월적 의미가 솟아날 수 있으며 그것이 삶에 의미를 제공할 수 있다고 말한다. 이러한 유형에는 대표적으로 후기 하이데거의 존재사유가 속하며 나의 판단으로는 『존재와 시간(1927)』이라든가 「형이상학이란 무엇인가?(1929)」 등으로 대표되는 전기 사유가 이미 여기에 속한다고 생각된다. 그 밖에도 자아를 비롯한 사물의 비실체성을, 즉 만물이 공(空)하다는 사실을 깨우침으로써 열반의 경지에 들어선다는 불교적 사유방식도 이러한 유형에 속한다. 두 번

---

4) 사르트르, 『실존주의는 휴머니즘이다』, 왕사영 역, 서울: 청아, 1993.

5) Walter Schulz, "Über den philosophiegeschichtlichen Ort Martin Heideggers", in: Pöggeler, O. (Hrsg.), *Heidegger. Perspektiven zur Deutung seines Werkes*, Weinheim, Beltz, 1970, 115, 6쪽 참조.

째 유형에서 인간으로 하여금 실존문제를 극복하게 하는 메커니즘에는 저러한 의사초월적 의미의 현현 외에도 자기 동일성을 유지하는 불변적 자아에 대한 뿌리 깊은 집착의 타파와 주체 — 객체 혹은 자아 — 타자(세계)의 단절적 이분의 붕괴가 큰 역할을 한다. 허무의 원천이, 다시 말해서 세계로부터 자기의식이 분리됨으로써 발생하는 고립감과 불안감 자체가 잘못된 이분(二分)에 의거한 망상으로부터 유발된 것임을 두 번째 유형은 가르친다. 이 점은 불교적 사유에서 명확히 드러나지만 하이데거가 논하는 '세계 – 내 – 존재(In – der – Welt – sein)'나 '현 – 존재(Da – sein)'의 근본적 의미도 이것과 결코 다르지 않다.[6]

이하에서는 먼저 첫 번째 유형의 대표자로서 니체가 개진하는 실존문제에의 대응방안을 논하고 난 뒤, 그에게서 발견되는 몇 가지 결정적인 이론적 난점을 지적할 것이다. 그리고 나서 하이데거의 대응방안을 논하면서 니체에게서 드러난 난점이 그에게서는 어떤 식으로 지양되는지를 보여줄 것이다.[7]

---

6) 하이데거의 철학과 불교의 사상적 동질성의 비교와 관련하여 이미 국내에서만도 여러 연구 성과가 있다. 특히 전기 하이데거와 유식불교를 비교 연구한 김형효의 『하이데거와 마음의 철학』, 수원: 청계, 2000 참조.

7) 이미 박찬국(1997)이 허무주의와 관련하여 니체와 하이데거의 사상을 비교하고 후자의 손을 들어주는 연구를 수행한 바 있다. 박찬국, 「니힐리즘의 기원과 본질 그리고 극복에 대한 니체와 하이데거 사상의 비교고찰」, 『하이데거 연구』 제2집, 한국 하이데거학회, 1997 참조. 그러나 박찬국(1997)이 하이데거의 후기사유에 입각하여 하이데거 자신이 니체사상과의 대결 속에서 니힐리즘의 본질을 파헤치

3. 니체의 대응방안

니체는 자신이 살던 시대를 '신이 죽은' 시대라고 진단한다.[8] 신이 죽었다는 것은 첫째로 기독교적 유일신이라는 의미에서의 신이 더 이상 절대적인 신앙의 대상으로 인정되지 못하고 있음을 의미한다. 하지만 그뿐만 아니라 그 말은 플라톤 이래 유한하고 생성 소멸하는 감성적인 것과 대비되어 초월적, 초시간적 보편성과 절대성을 담지한다고 여겨지던 초감성적인 가치들 역시도 더 이상 인간을 사로잡는 힘을 상실하고 말았음을, 혹은 그 타당성을 더 이상 인정받지 못함을 의미한다. 상기의 정신분석학적 견지에서의 분석을 되새겨보건대 신 혹은 절대적 가치나 이념 등은 모두 인간을 고립감과 불안감의 심연으로부터 지탱시켜 주는 확고한 지지대의 역할을 해 주던 것들이다. 인간이 그러한 것들에 자신을 종속시키고 의지하면서 그들은 자신의 심연적 존재근거를 안정적으로 충족시킬 수 있었던 것이다. 그러나 이제는 더 이상 그런 절대적 가치가 통용되지 않는다.

는 작업과 고찰을 분석하고 있는 반면, 나는 여기에서 가능한 한 외재적 관점에 서서 양자를 조망하고자 한다. 또한 하이데거 사상의 경우 후기의 존재사적(seinsgeschichtlich) 사유만이 아니라 전기 저작인 「형이상학이란 무엇인가?(1929)」에 나타나는 불안과 무(das Nichts)에 대한 분석에서 허무주의 극복의 원천을 구하고자 시도하고 있다.

8) F. 니체, 『짜라투스트라는 이렇게 말했다』, 백문영 옮김, 혜원출판사, 1999. 11쪽 참조.

그런 의미에서 신은 죽었다. 신의 죽음에 따라서 인간은 이제 더 이상 자신의 내적 공허를 외부의 절대적 이념에 의존하여 충족시킬 수가 없다. 그에 따라 억압된 채 의식의 변두리에 깔려 있던 내적 공허가 점점 더 의식의 수면 위로 표출한다. 그런 점에서 니체에게 오늘날은 허무의 시대이다.

그렇지만 그에게는 오히려 이러한 신의 죽음은 하나의 긍정적인 기회라고 여겨진다. 종래에 인간은 신과 같은 외부의 절대적 대상에 의존함으로써 자신의 존재의미를 수립해 왔지만, 니체에 따르면 이것은 왜소한 인간의 나약함이 빚어내는 일종의 기만이자 환상이다. 다시 말해서 그것은 삶이 부과하는 고통의 무의미함을 견뎌낼 수 없어 인간이 만들어 낸 일종의 환각적 장치에 불과하다. 이제 그러한 장치가 무너져 내렸고 더 이상 다시는 거기에 매달릴 수 없는 한, 인간은 비로소 무의미와 무가치에 정면으로 부딪칠 기회를 갖게 된 것이다. 그런 점에서 니체에게 신의 죽음은 오히려 인간이 저러한 기만과 환상의 형이상학적 고안물을 집어치우고 자신의 힘으로 우뚝 설 기회로서, 그야말로 인간이 초인으로서 새롭게 탄생할 기회로서 작용할 수 있는 것이다.

니체철학의 정수는 '동일자의 영원회귀(die ewige Wiederkehr des Gleichen)' 사상과 '힘에의 의지(Wille zur Macht)' 사상이

다. 그리고 힘에의 의지를 가장 건전하고 가장 본래적으로 구현해 내는 인간이 바로 '초인(Übermensch)'이다. 동일자의 영원회귀 사상은 인간으로 하여금 신이 죽은 시대의 허무의 만연을 그 극단적인 심연 속에서 직시하도록 하면서 그로 하여금 자기 자신을 초인으로 탈바꿈하는 실존적 결단을 내리도록 만든다. 그런데 동일자의 영원회귀란 도대체 무엇을 말하는가? 아마도 이와 관련하여 제일 중요할 구절일 『차라투스트라는 이렇게 말했다』의 제3부 13절 「회복자」 가운데 일부를 인용하고자 한다.

> 모든 것은 가고 모든 것은 되돌아온다. 존재의 수레바퀴는 영원히 굴러간다. 모든 것은 죽고 모든 것은 또다시 꽃을 피운다. 존재의 해(年)는 영원히 달린다. 모든 것은 부서지고 모든 것은 새로 이루어진다. 존재의 집은 영원히 스스로를 똑같이 세운다. 모든 것은 헤어지고 모든 것은 또다시 서로 만난다. 영원히 자신에 충실하며 존재의 순환은 계속된다. 모든 순간에 존재는 시작된다. ……모든 사물이 영원히 되돌아오고, 우리 또한 모든 사물과 더불어 영원히 되돌아오는 것을, 그리고 우리는 이미 헤아릴 수 없이 존재했었고 모든 사물 또한 우리와 더불어 헤아릴 수 없이 존재했음을 알고 있다. 위대한 생성의 해가 존재한다는 것, 위대한 해의 괴물이 존재한다는 것을 그대는 가르친다. 이해는 새로 흘러가고 흘러 나가기 위해, 모래시계와 같이 끝없이 새로 돌려져야 한다.[9]

여기서 중요한 것은 영원회귀에 대한 형이상학적이거나 물리학적인 증명이 아니다. 동일자가 영원히 되돌아온다.

---

9) F. 니체, 같은 책, 219~222쪽 참조.

거기서 되돌아오는 동일자란 형이상학에서 논하는 그 어떠한 초감성적인 실재나 초시간적인 이념이 아니다. 그것은 오히려 끝없이 반복되는 이 생성으로서의 삶 자체이며 오로지 이것뿐이다. 생성과 소멸만이 영원히 반복되며 이를 초월한 이상적 세계는 그 어디에도 없다. 사멸적인 인간의 유한성 그리고 그것이 내보이는 무의미하고 무가치한 삶의 중압감, 이로부터 인간은 도망칠 수 없다. 동일자의 영원회귀 사상은 우선은 이러한 무의미성과 무가치성을 직시하도록 우리를 가르친다. 물론 이것은 한편으로 인간을 극도의 허무 속으로 몰아넣을 수도 있다. 아니 아마도 대개는 그 이전에 이러한 견딜 수 없는 삶의 진실을 어떻게든 외면함으로써 달아나고자 할 것이다. 그러나 니체는 바로 그렇게 허무의 심연을 진중하게 들여다보면서 그 어떤 도피처도 거부하려 할 때, 역으로 더 이상 허무가 아니라 삶 자체에 대한 최대의 긍정을 발견할 수 있다고 가르친다.[10]

니체에 따르면 우리가 현세적 삶에 대해서 충분히 긍정할 줄 모르기 때문에, 아니 그럴 능력을 배양하지 못하였기

---

10) 영원회귀 사상에 놓인 이러한 이중성과 관련하여 백승영(2003)은 이렇게 해설한다. "영원회귀 사유는 인간에게 이러한 영원한 무의미함에 대한 경험, 극단적 형태의 허무적 경험을 갖게 할 수 있다. 이 경험은 인간을 절대적 퇴락의 기분과 절망에 이르게 할 수도 있고, 그 반대로 최고의 긍정에로 이끌 수도 있다. 절대적 퇴락과 절대적 긍정의 가능성이 동시에 주어져 있다. 그래서 이 상황은 인간에게 실존적 결단을 요구한다." 백승영, 『니체: 차라투스트라는 이렇게 말했다』, 서울대학교 철학사상연구소, 2003, 139쪽 참조.

때문에, 삶 자체에서 의미를 구해내지 못하고 형이상학적으로 고안된 초감성적 세계, 초월적 이념, 신 등등에 복종, 의존하게 된다. 그러나 이러한 형이상학적 고안물을 철폐하고 삶 자체의 진실, 즉 영원히 반복되는 생성과 소멸의 무의미성을 굳건히 직시하게 되면, 단순한 무의미성을 관통하여 넘어섬으로써 삶을 그 자체로서 긍정하면서 그 어디도 아닌 바로 이 현실의 지금 이 자리에서 최대의 의미와 가치를 발견할 수 있다. 이렇게 삶에 대한 위대한 긍정을 낳을 수 있는 자, 바로 그러한 자가 초인이다. 초인은 자신의 힘의 상승을 위해서 그 어떤 외부의 가치와 의미에 얽매이지 않으며 오로지 힘에의 의지에 기여하는 것만을 유의미한 가치로서 수립한다. 그런 점에서 초인은 스스로 자신의 삶에 의미와 가치를 부여할 수 있는 진정한 삶의 구성주체인 것이다.

그러나 이에 대하여 다음과 같은 물음들이 제기되지 않을 수 없다. 모든 것이 생성 소멸할 뿐 그 어디에도 이를 넘어서는 의미와 가치는 없다고 하는 절대적인 허무의 심연의 한가운데에서 어떻게 인간이 제 힘만으로 삶의 긍정을 발견할 수 있다는 말인가? 물론 이러한 허무의 극한을 극복하고 삶에 대한 위대한 긍정이라는 초인의 길로 나아가는 것이 극히 어려운 것이라고 항변할 수도 있겠지만, 실상 단지 극히 어려운 정도가 아니라 인간에게는 혹시 아예 불가능한 것이 아닌가? 차라투스트라조차도, 그리고 아마도 니체 자신조차도 영원회귀 사상은 견디기 어려웠던 것이 사실 아닌가? 총체적 허무에 무릎 꿇는 것이 아니라 정확히 그 반대라고 할 수 있는 저 놀라운 긍정의 정신은 도대체 어디에서 샘솟는다는 말인가? 동일자의 영원회귀에 대한 깨달음은 진정 초인을 탄생시킬 수 있는 것인가? 저와 같이 순전히 현세적 삶 자체만을 긍정하면서 스스로 의미와 가치를 창출한다는 것은 유한한 인간으로서는 불가능한 과제가 아닌가? 저러한 심연적 무의미를 충분히 직시할 때, 역으로 반전되어 의미의 충만으로 넘어설 수 있다는 니체의 말은 어떤 점에서는 옳을지도 모른다. 그러나 그러한 급격한 반전의 과정을 설득력 있게 설명하기 위해서는 이 밖에 무언가 추가적인 요소가 필요하다.[11] 지금 주어진 니체의 설명만으로는 어떻게 인간이 초인으로 재탄생할 수 있는가를 납득하기 어렵다.

지금까지 제기한 물음들은 무의미와 무가치의 직시로부터 현세적 삶의 긍정으로 나아갈 수 있게끔 해 주는 계기에 대한 설명이 부재하다는 지적으로 총괄될 수 있겠다. 이 밖에도 한 가지 문제를 더 지적하고자 한다. 니체는 초인으

---

11) 하이데거의 전기사상이 '영웅적 허무주의'라 불릴 수 있었던 것도 이러한 '추가적인 요소'에 대한 설명이 부족했기 때문이라 생각된다. 하지만 후기사상에는 물론이거니와 이미 전기사상에도 그러한 요소가 마련되어 있다. 이는 다음 절에서 밝혀질 것이다.

로의 재탄생의 과정이 의미와 가치를 그 누구의 힘도 빌리지 않고 인간 스스로 힘에의 의지에 입각하여 창조해 냄으로써 가능하다고 본다. 잠시 앞서의 프롬의 분석을 재차 상기해 보자. 자기의식이 발달하면서 세계와 분리하게 된 인간은 고립감과 불안감에 따른 내적 공허를 겪게 되고 부단히 세계 및 타자와의 결합을 열망하게 된다. 그러한 결합방식 가운데에는 니체가 그토록 비판했던 신 혹은 초시간적 실재나 초감성적 이념과 같은 형이상학적 산물에의 추종도 포함된다. 동일자의 영원회귀 사상은 인간에게 저러한 추종을 포기하고 삶을 그 자체로서 직시하며 긍정할 것을 가르친다. 그러한 긍정의 핵심은 형이상학적으로 제공되는 의미와 가치, 규범과 질서에 순응하는 것이 아니라 무의미한 세계로부터 인간 스스로 의미와 가치를 창조해 내는 자기입법적 인간이 된다는 데 있다. 그런데 이것은 한편으로 주체성의 무제약적 확장을 뜻한다. 초인은 오로지 자기 자신의 힘에의 의지를 통해서만 의미와 가치를 낳는다. 그렇다면 이것은 세계와의 분리에 따른 고독과 불안을 극복하기 위해서 세계와의 조화로운 결합을 추구하려는 것이 아니라 오히려 세계를 인간의 두 발밑에 두고 세계를 제압하고 지배하려는 것이다. 그런데 이러한 인간 주체성의 확장을 통해서 과연 인간의 내적 공허가 일소되고 실존문제가 해소될 수 있는가? 오히려 그것은 세계 혹은 자연과의 진정한 결합이 선사하는 충만한 경험을 가질 기회를 제거하고 마는 것은 아닌가? 이러한 의문제기는 하이데거의 실존문제 대응방안을 고찰함으로써 더욱 명확해질 것이다.

4. 하이데거의 대응방안

니체는 허무가 자신의 시대를 지배하고 있다고 보았다. 그리고 그러한 허무의 지배, 즉 무의미한 세계와 그 위에서의 무의미한 삶은 인간이 초인이 됨으로써, 즉 스스로 의미와 가치를 창조하여 그것을 세계에 부여함으로써 극복될 수 있다고 보았다. 하이데거 역시도 니체와 마찬가지로 그의 시대를 허무가 만연한 시대라고 본다. 그러나 하이데거는 그 원인을 니체와는 전혀 다르게 분석하고 그에 따라 전혀 다른 처방책을 내놓는다. 그에 따르면 인간이 내적 공허와 실존문제를 겪는 이유는 인간이 존재를 철저히 망각했고 그 결과 존재가 선사하는 본질적 충만을 상실했기 때문이다. 존재망각의 결과 인간은 내적 공허를 겪게 되고 그에 따라 실존문제가 대두하게 된다. 요컨대 '존재망각(Seinsvergessenheit)'이 허무의 본질이며 존재망각이 소멸할 때 자연히 실존문제도 해소되는 것이다.

하이데거의 역사이해에 따르면 인간은 각 시대마다 상이한 방식으로 존재자를 경험한다. 이를테면 중세시대에 모든 존재자는 신의 피조물로서 이해되고 그것의 궁극적 존재근거는 창조주 신이었다. 이때 존재자는 인간이 자의적으로 처분할 수 있는 대상이 아니라 신의 은총이 깃든 사물로서 나타난다. 반면 근대의 경우 존재자는 인간주체의 표상작용에 의해 마주 세워져 정립된 객체, 하나의 처분 가능한 대상으로서 나타난다. 더욱이 19세기 이래의 기술시대에 이르러서는 아예 하나의 온전한 대상으로서의 자격마저 상실한 채 단지 그로부터 에너지를 최대한 뽑아내도록 닦달당하는 부품(Bestand)으로 전락한다. 오늘날에도 존재자는 이와 같은 잠재적인 에너지원으로서 나타나고 기술적으로 산출 가능한 에너지에 따라서 그 이용가치가 계산된다. 여기서 존재자를 지배하는 유일한 척도는 그것의 잠재적 이용가치 혹은 수단적 가치이며 그것은 양적으로 환산 가능한 것으로 상정된다. 더욱이 그러한 척도에서 인간 자신조차도 벗어나지 못한다. 인간 역시도 그로부터 뽑아낼 수 있는 에너지에 따라, 혹은 다른 유용한 작업에 사용될 수 있는 잠재적인 활동량에 입각해 그의 가치가 산정된다. 인간마저도 에너지로서 견적이 매겨지는 세계에서 유일한 최종적인 지배자는 인간이 아니라 오히려 모든 것을 자신의 군림하에 두려는 무제약적인 의지, 즉 기술 자체이다. 여기서는 인간

역시도 하나의 도구에 불과한 것이 되고 만다.[12]

따라서 이러한 기술시대에 인간은 이중적인 의미에서 내적 공허에 시달리게 된다. 즉 첫째로 인간 자신이 존재자를 단순히 계산적으로 산출 가능한 에너지원으로 간주함에 따라 세계와 사물이 선사하는 충만한 본질과 깊이를 향유할 수 없게 된다. 그뿐만 아니라 둘째로 인간 자신이 하나의 온전한 주체로 수립되지 못한 채 에너지를 최대한 산출하려는 거대한 기술적 체계에 종속된다는 점에서 자기소외를 겪는다. 이렇게 인간은 기술시대에서 이중적인 내적 공허에 사로잡히게 된다. 그리고 바로 이러한 내적 공허가 실존문제를 유발한다.

그렇다면 인간은 어떻게 이러한 내적 공허로부터 벗어날 수 있는가? 문제는 존재의 본질적 개현이 망각되었다는 것이다. 그렇다면 이것이 다시금 상기될 수 있을 때에야 비로소 인간은 내적 공허와 실존문제로부터 벗어날 수 있을 것이다. 그러한 상기의 원천을 하이데거는 존재망각이 이루어지기 이전의 그리스적 시원에서 찾는다. 하이데거에 따르면 그리스인들은 존재자를 경이라는 근본기분에 젖어 맞이하면서 그것을 '퓌지스(φύσις)'로서, 즉 스스로 자신의 본질

의 빛을 발하면서 인간에게 그것이 지닌 내적인 충만과 깊이를 온전하게 선사하는 것으로서 경험했다. 바로 이러한 경험이야말로 인간이 가질 수 있는 최상의 경험이며 이때에는 더 이상 내적 공허와 같은 것이 잔존할 수 없다는 것이다. 그렇지만 현대인이 이러한 경험을 어떻게 되찾을 수 있는가? 우리가 단순히 그리스시대라는 이천오백여 년 전의 과거로 되돌아갈 수는 없는 노릇이지 않은가? 틀림없이 그렇다.

하지만 오늘날에도 물론 드물기는 하지만 저러한 충만한 경험을 가질 때가 분명히 있다. 나는 여기서 그러한 경험과 관련하여 두 가지 경우를 대별하여 논의를 이끌어 나가고자 한다. 첫 번째 경우는 앞서 확인하였던 동일자의 영원회귀 경험에 거의 정확하게 상응하는 실존적 경험에 대한 것이다. 다만, 여기에서는 존재자 전체가 무의미에서 충만한 의미와 의의를 가진 것으로 변환이 이루어지는 데에는 단순히 인간이 그것들에 의미와 가치를 부여하는 것이 아니라 전적으로 다른 요소가, 다시 말해서 니체식의 허무주의 극복방식에는 부재하는 어떤 요소가 개입되어 있다.

하이데거는 현대인을 사로잡는 근본적인 기분이 불안(Angst)이라고 말한다. 이러한 불안은 앞서 프롬의 정신분석학적 설명에서 등장하였던 세계와의 분리에 따른 고립감 및 불안감과 본질적으로 상통한다. 프롬의 분석구도에 따르면,

이러한 근원적인 불안은 인간에게 의식화되지 않은 채로, 의식의 저변에 억압된 채로 머물러 있다가 드물게 의식화되어 인간을 불안감에 사로잡히게 만든다. 마찬가지로 하이데거의 실존론적 분석론에 따르면, 근본기분으로서 불안은 인간에게 늘 주재하고 있지만, 다만 인간이 그로부터 부단히 도피하기 때문에 불안이라는 기분을 직접적으로 체감하지 못할 따름이다. 그러는 가운데 드물게 그러한 불안이 엄습해 올 때, 인간은 존재자 전체가 자신으로부터 미끄러져 빠져나가면서 그것들이 지니고 있는 온갖 의미들이 사상되어 버리는 기묘한 기분에 젖어들게 된다. 그런데 이렇게 무의미가 총체적으로 나를 휘감아오는 바로 그 순간을 인간이 그로부터 달아나지 않고 끝까지 견디어내면, 나를 불안에 젖게 했던 바로 그 존재자 전체가 이제는 역으로 나에게 '존재자가 존재한다'는 일상에서는 망각하였던 소박하지만 놀라운 존재 사실을 일깨우게 된다.[13] 이렇게 존재 사실을 일깨우는 것은 물론 단순히 지성적으로 하나의 지식을 습득하는 것과는 전적으로 다른 것이다. 그것은, 그것이 충분히 경험되기만 한다면, 개인의 인격 전체, 온 실존을 관통하면서 그의 삶 자체를 송두리째 뒤바꿀 수도 있는 힘을 지닌 것이다. 이러한 힘은 물론 인간에게서 내적 공허와

---

13) "Was ist Metaphysik?", *Wegmarken*(Gesamtausgabe Bd. 9), Frankfurt a.M.: Vittorio Klostermann, 1967, 113쪽 참조.

실존문제를 일거에 제거할 수도 있다. 이러한 경험의 이전에 인간에게 의미라고 하는 것은 단지 주어진 역사적 상황에서 공공적으로, 사회적으로, 문화적으로, 존재자에 부여된 것이었고 인간은 단지 그 가운데서 자신의 삶의 의미를 취사선택했었던 것인 반면, 불안을 끝까지 경험해 낸 인간에게는 그러한 식의 의미라고 하는 것은 충만한 의의를 가진 것이 되지 못하며 내적 공허를 일소해 줄 수 있는 유일무이한 충만한 의의는 존재 자신이 선사하는 놀라운 존재 사실 자체인 것이다. 하이데거가 불안기분의 인수와 관련하여, 혹은 본래성이라는 인간의 이상적 실존양태와 관련하여 '창조적 동경의 쾌활과 부드러움' 그리고 '기쁨'과 '평정심' 등을 언급하였던 것은 바로 이러한 맥락에서 해석되어야 한다.[14)]

현대인이 존재의 충만을 경험할 수 있는 또 다른 가능성은 계산하는 지성의 표상적 사유에 휘둘리지 않고 제 본질이 지닌 고유한 깊이를 선사하는 사물을 그 자체로서 경험하는 것이다. 하이데거 자신이 그의 많은 저서들을 통해서 여러 가지 사례들을 제시하고 있지만 여기에서는 두 가지 사례만을 들고자 한다.[15)] 우선 들판에 피어 있는 한 송이

---

14) "Was ist Metaphysik?", *Wegmarken*(Gesamtausgabe Bd. 9), Frankfurt a.M.: Vittorio Klostermann, 1967, 117쪽 및 *Sein und Zeit*, Tübingen: Max Niemeyer, 1972, 310, 345쪽 참조.

15) 두 가지 사례에 대해서는 각각 *Der Satz von Grund*(Gesamtausgabe Bd. 51), Frankfurt

의 장미가 그러한 경험을 선사할 수 있다. 아무 이유 없이 스스로 봉우리를 활짝 피어내는 장미를 보라. 우리의 분석적 지성이 그것이 피어나는 원인과 근거를 캐묻기 이전에 우리의 근원적 사유가 아무런 이유 없이 홀로 스스로를 꽃피우는 장미의 온전한 현전을 그 자체로서 받아들인다면, 다시 말해서 인간이 장미의 온전한 본질이 건네는 말을 집수하여 청종할 수 있다면, 그때 인간은 사물이 지닌 본질적 깊이가 선사하는 충만함을 향유할 수 있다. 또 다른 사례를 들어보자. 괴테는 어느 산장의 창문설주에다 다음과 같은 짧은 시구를 적었다고 한다. "모든 봉우리 위에는 고요가 있다(Über allen Gipfeln / Ist Ruh……)." 그런데 여기서 '있다(ist, [이다])'라는 문법적으로는 단지 두 어구를 이어주는 계사에 불과한 단어에서 언표 가능한 영역을 넘어서는 환한 광채가 제 스스로 빛을 발한다. 설사 그 시구를 읽는 이의 근처 어디에도 봉우리가 없다고 할지라도 그는 자신이 있는 바로 그 자리에서 존재자가 내보이는 유일무이한 풍성함을 경험한다. 그는 저 짧은 시구를 통해서 '고요'라고 하는 것이 '봉우리 위에' 마치 어떤 도구가 놓여 있듯 눈앞에 놓여 있다고 단지 표상하는 것이 결코 아니다. 그는 고요가 깃든 봉우리를 존재자 자체로서 경험하는 것

a.M.: Vittorio Klostermann, 1981, 69, 70쪽 및 *Grundbegriffe* (Gesamtausgabe Bd. 10), Frankfurt a.M.: Vittorio Klostermann, 1997, 31, 32쪽 참조.

이며 오히려 그의 눈앞에 놓인 그 어떤 다른 물건들보다도 그것이 그에게는 더 존재하며 그것들이 건네지 못하는 충만한 깊이를 한껏 내보이는 것이다.

존재사실 자체의 경이와 사물이 지닌 본질적 깊이가 선사하는 풍요로움과 충만함은 유일무이한 것으로서 인간이 경험할 수 있는 최상의 경험인바, 이것이야말로 그 어디에서도 충족되지 못하는 인간의 내적 공허를 해갈해 준다. 이를 통해서 인간은 실존문제를 원천적으로 해소할 수 있다. 이러한 하이데거의 허무주의 극복기획은 니체와는 전혀 다른 구도를 띤 것이다. 니체는 철저히 인간 자신의 힘으로 영원회귀 사상이 일깨우는 최대의 허무적 심연을 극복해 내고자 하며 그것이 자기 스스로 의미와 가치를 창조해 냄으로써 가능하다고 보지만, 하이데거에 따르자면 진정한 의미와 가치의 현출계기는 자기 자신의 힘이 아닌 존재 자체가 선사하는 것이며 인간으로서는 그것을 단지 회집(會集)하여 수용할 따름이다.

내게는 이러한 하이데거의 허무주의 극복기획이 니체의 그것보다는 훨씬 설득력이 있다고 생각된다. 그러나 이 역시도 나름의 한계를 지닌다는 것을 부인할 수는 없다. 그 한계는 하이데거 철학의 이론적 한계라기보다는 그의 역사 이해에 따라보건대 우리가 사는 시대 자체가 지니는 필연적 한계라고 보아야 할 것이다. 하이데거식의 허무주의 극복기획은 개인적인 실존적 기투로써 온전히 달성되기는 대단히 어렵다. 특히 역사적 시기에 따른 존재개현방식의 상이성을 깊이 인식했던 후기 하이데거 사상에 따르자면 더더욱 그러하다. 그에 따르면 존재가 스스로를 드러내는 방식은 철두철미 시대적으로 규정된다. 오늘날을 규정하는 존재개현방식은 '기술(Technik)', 즉 존재자로부터 계산적으로 산정될 수 있는 에너지원을 도발적으로 요청하는 것(Herausforderung)이요, 닦달하는 것(Ge-stell)이다. 따라서 비록 우리가 이를 벗어나는 근원적인 존재경험을 드물게 가질 수 있다고는 하더라도, 그것이 우리의 실존 전체를 휘어감아 삶 자체를 새로이 노정할 수 있는 기회로까지 비약하기는 대단히 어렵다. 우리가 이 역사적인 조건 속에 놓여 있는 한, 우리는 이 사회로부터 저러한 기술적 방식에 입각하여 존재자를 대하도록 부단히 요구받기 때문이다. 따라서 원천적인 허무주의의 극복은 새로운 시대가 열림에 따라서 존재자의 닦달, 즉 기술이라는 지금의 존재개현방식 자체가 이와는 다른 어떤 존재개현방식으로 이행하는 데 있다. 그것은 우리 현대인의 전반적인 존재이해방식이 지금과는 총체적으로 다른 식으로 개조됨으로써 가능할 것이다. 그러나 그것이 구체적으로 어떤 식으로 가능할지를 가늠하기란 한 인간으로서는 극히 어렵다. 실로 이 점이야말로 앞으로 우리 현대인이 계속적으로 숙고해야만 할 필연적인 시대적 사명일 것이다.

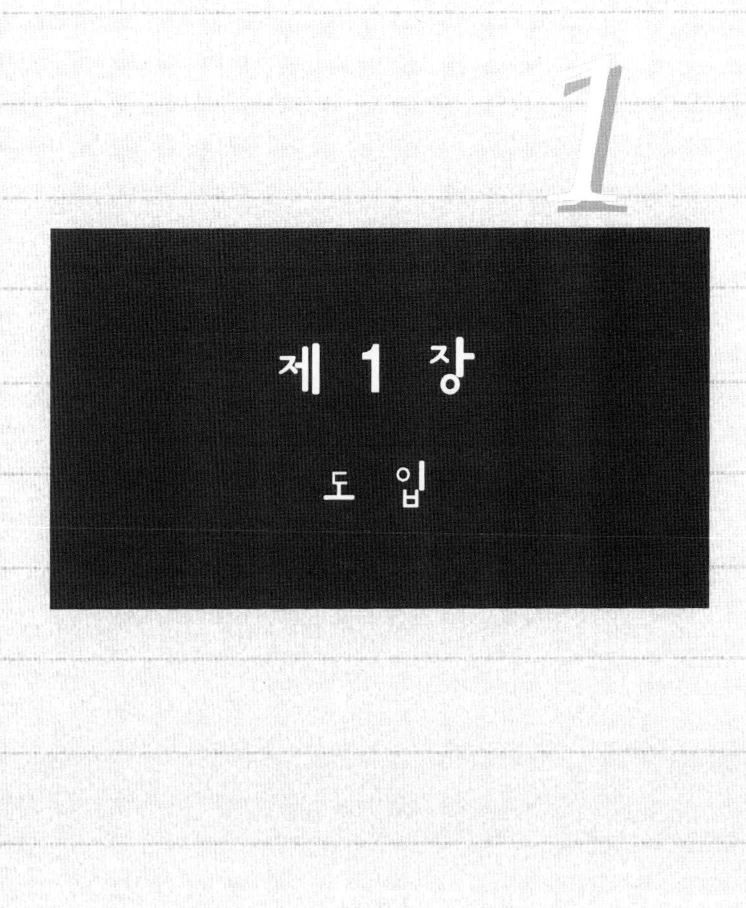
제 1 장
도 입

1. 본래성과 퇴락의 양립 가능성에 대한 문제제기

1.1. 현존재와 그 본질로서의 실존

인간존재를 어떻게 규정할 것인가는 철학사에 있어 가장 주요한 주제 가운데 하나였다. 전통 형이상학의 역사 속에서 인간의 본질은 이성적 동물(animal rationale), 가장 뛰어난 신의 피조물(ens creatum), 사유하는 존재(res cogitans), 선험적 형식을 지닌 초월적 통각, 힘에의 의지 등과 같이 다양한 방식으로 규정되어 왔다. 형이상학의 역사 속에서 등장하는 인간본질에 대한 이러한 규정들은 공통적으로 존재자의 존재를 고정된 실체의 속성으로, 하이데거의 표현을 따르자면, '항구적인 현존성(die beständige Anwesenheit)'으로 파악하는 존재이해에 기초하고 있다. 전통 형이상학은 인간에게 여타의 존재자에게서는 발견되지 않는 고유한 능력을 부여한다. 하지만 근본적으로는 인간의 존재방식을 항구적인 현존성에 입각하여 이해하였다는 점에서, 전통 형이상학은 인간만의 고유한 존재방식을 실체적인 사물과 같은 존재방식으로 전락하게 만든다. 전통 형이상학이 인간을 포함하는 존재자의 존재를 항구적인 현존성으로 혹은 실체성으로 파악하게 된 까닭은 그것이 현전적 시간관, 현재 중심적 시간관에 머물러 있기 때문이다. '지금'이 무한히 연결되어 미래와 과거가 구성된다고 보는 시간관, 즉 미래는 다가올 지금들이며 과거는 지나간 지금들로 간주하면서 현재를 중심으로 갖는 시간관은 미래와 과거가 인간의 존재방식에 대하여 갖는 근본적인 의의를 포착하지 못한다.

하이데거는 전기의 대표작이라 할 수 있는『존재와 시간(Sein und Zeit)』에서 이와 같은 현전적 시간관을 비판한다.16) 그는 현재중심적 시간관에 기초를 둔 전통 형이상학이 규정하는 인간본질에 맞서서, 새로운 시간관에 근거하여 인간본질에 대한 새로운 유형을 제시하고자 한다. 그것이

---

16) 하이데거의 저작에 대한 약어는 아래와 같이 표기한다.
　　『존재와 시간(Sein und Zeit)』: SZ
　　『현상학의 근본문제들(Die Grundprobleme der Phänomenologie)』: GP
　　『형이상학의 근본개념들(Die Grundbegriffe der Metaphysik)』: GM
　　『논리학, 진리란 무엇인가?(Logik: Die Frage nach der Wahrheit)』: L
　　『이정표(Wegmarken)』: W
　　『철학입문(Einleitung in die Philosophie)』: EP
　　『칸트와 형이상학의 문제(Kant und das Problem der Metaphysik)』: KM
　　『형이상학 입문(Einführung in die Metaphysik)』: EM
　　『이스터(Hölderlins Hymne 'Der Ister')』: Ister

바로 현존재이다. 하이데거는 '각기 우리 자신인 그런 존재자'를 더 이상 인간이라고 부르려 하지 않고 '현존재'라고 부르고자 한다. 아마도 그는 이미 '인간'이라는 표현 속에 전통적인 인간이해, 즉 인간을 세계 내부에 위치한 고정된 실체적 사물의 존재방식으로서 파악하려는 해석이 뿌리깊이 남아 있기 때문에 그러한 인간이해를 넘어서기 위해서 새로운 명명이 요구된다고 보았을 것이다. 그렇지만 '현존재(Dasein)'라는 명칭부여에 대한 더욱 근본적인 동기는 추측건대 독일어 원어 'Da－sein'이 갖는 어원적 묘미에 있을 것이다. 현존재의 어원적 분석을 통하여 그것의 가장 기초적인 성격인 개시성(Erschloβenheit)을 파악해 보고 동시에 그것이 어떻게 해서 기존의 시간관을 넘어서는지를 확인해 보고자 한다.

사전적으로 'da'는 '여기(hier)'와 '저기(dort)'라는 두 가지 뜻을 갖는다. 복잡한 철학적 개념들을 잠시 떠나서 우리들 각자가 도대체 누구인가를 한 번 생각해 보자. 우리들 각자는 내가 바로 '여기'에 있다고 생각한다. 늘 나는 가장 가까운 '여기'에 자리 잡고 있다. 한편 나의 외부에 놓여 있다고 여겨지는 '세계'[17]는 또는 이런저런 온갖 존재자들의 총체

---

17) 하이데거는 "세계 내부에 눈앞에 존재할 수 있는 존재자의 총체"를 '세계'로 표현한다. 이하에서 '세계'는 개개의 존재자들의 총체를 뜻한다. Martin Heidegger, Sein und Zeit, Tübingen: Max Niemeyer, 1972, 64쪽 참조.

는 내가 위치한 바로 '여기'가 아닌 저편에, '저기'에 있다고 생각한다. 하이데거는 '여기'와 '저기'라는 두 가지 의미를 모두 지니고 있는 'da(거기)'라는 단어를 사용함으로써 내가 위치한 여기와 존재자들이 위치한 저기를 하나로 묶어버린다. 하이데거는 세계를, 통상적 이해에서와 같이 '나'의 밖에 위치시키는 것이 아니라, 현존재(Dasein)에게 속한 근본 규정성인 '실존범주(Existenzial)'로 취급한다.[18) 그것은 세계가 '나'와 한데 묶인 채로 하나의 '거기(da)'에 속함으로써 현존재를 이루기 때문이다. 그런 점에서 현존재라고 불리는 '각기 그때마다 우리 자신인 그런 존재자'는 우리가 흔히 '나'라고 여기는 의식과 신체의 모종의 복합체와 일치하지 않는다. 오히려 현존재(Dasein)란 그렇게 우리가 통상 '나'라고 지칭하는 '여기'에 위치해 있는 그것과 '저기'에 위치한 세계가 함께 개시되는 자리인 '거기', 바로 그러한 거기에 - 있음(da - sein) 그 자체를 뜻한다. 현 - 존재(Da - sein)의 '현(da)'에서 우선 세계가 개시되지만 거기에는 이미 자기가 함께 개시되어 있다. 요컨대 현존재는 개시성이다. 개시성이란 현 - 존재가 자리하고 있는 '거기(da, 현)'가 '여기'와 '저기'에서 개시되어 있음을, 즉 자기와 세계가 현 -

---

18) "세계란 세계 - 내 - 존재의 한 규정. 말하자면 현존재의 존재양식의 한 구조계기이다. 세계란 현존재적인 어떤 것이다. 세계는 사물들처럼 눈앞에 있는 (vorhandenes) 것이 아니다. 오히려 세계는 우리 자신이 그것인 현 - 존재가 존재하는 방식으로 거기(da)에 존재한다. 말하자면 세계는 실존한다."(GP 237)

존재에게 개방되어 있음을 가리킨다. 그런 점에서 개시성은 언제나 자기-개시성이자 세계-개시성이다. "자기와 세계는 하나의 존재자, 즉 현존재에 함께 속해 있다."(GP 422) 이것은 인간에 대한 상식적인 이해와도, 전통 형이상학이 인간을 파악하는 방식과도 근본적으로 상이한 것이다. 말하자면 하나의 캡슐에 갇혀 있던 의식이 그때그때 필요에 따라 외부세계와 접촉을 하면서 의식-외부세계 간의 상호교류가 이루어진다고 여기는 기존의 인간이해방식을 하이데거는 전면적으로 그 기초부터 붕괴시켰던 것이다. 그에 따르면 인간은 애당초 세계와 분리되어 있을 수가 없는 존재, 자기 자신을 개시함과 동시에 세계를 개시함으로써 그것이 이미 하나를 이루고 있는 존재인 것이다.

전통적인 인간이해를 이끌었던 시간관이 현재에 기초를 두고 있었다면, 하이데거의 새로운 인간본질의 유형인 현존재를 이끄는 시간관은 미래를 일차적인 시간계기로 간주한다. 여기서 미래는 현재 중심적 시간관에서 혹은 상식적 통념에서 파악되는 미래, 즉 지금들의 무한한 연장선상에 놓인 다가올 지금들이 아니다. 하이데거의 시간관으로부터 파악되는 미래, 즉 도래(Zukunft)는 시간의 흐름 속에서 나에게 펼쳐져 있는 앞에 놓인 무수한 점들이 아니라, 나의 존재방식 자체가 앞으로 나아가면서 스스로에게 자기와 세계를 그때마다 새로이 개현할 수 있게끔 해 주는 지반 혹은 지평이다.[19] 현존재는 근본적으로 도래적이다. 우리 인간이 저러한 개현을 어디 단 한순간만이라도 멈추게 할 수 있단 말인가! 그것은 상상 속에서조차 그려보기 어려운 극단적으로 불가능한 일이며 그것이 누군가에게 현실적으로 이루어졌을 때는 이미 그는 살아 있는 인간일 수가 없다. 인간에게는 물론 현재도 중요하며 과거도 중요하지만 근본적으로 인간을 인간으로서 특징짓는 시간계기는 도래라는 점이 하이데거의 시간이해의 근간이며 또한 이것이 그의 인간이해에서도 결정적인 역할을 차지한다. 이러한 사실은 '실존(Existenz)'에 대한 설명으로써 좀 더 보충될 수 있을 것이다.

살아 있는 한 부단히 자기와 세계가 함께한 자리에서 개시되고 있는 현존재의 이러한 도래적인 존재방식을 하이데거는 실존(Existenz)이라고도 부른다. "현존재의 '본질'은 그의 실존에 있다."(SZ 42) 실존은 자신의 존재에서 그러한 존재가 문제가 되는 존재자 혹은 그러한 존재자의 존재방식을 가리킨다(SZ 42). 언뜻 어려워 보이는 하이데거의 표현에 대한 약간의 해설이 요구된다. "문제가 된다(es geht

---

19) 하이데거는 현재 중심적 시간관에서 이해되는 '미래'와 자신의 시간관에서 이해되는 '도래'를 하나의 단어, 'Zukunft'를 사용해서 표현한다. Zukunft는 '~을 향해 다가가다'라는 'zukommen'으로부터 파생된 단어로 일상적 어법에서 '미래, 장래' 등을 뜻한다. 그렇지만 우리말 미래(未來)는 '아직 오지 않은'이라는 뜻을 갖기 때문에 그때마다 스스로를 시숙하는(sich zeitigend) 현존재에게는 부적합한 표현이다. 그런 까닭에 하이데거의 시간이해에서의 'Zukunft'를 '도래'로 번역하였다.

um).”는 표현은 순수하게 형식적이자 존재론적으로 해석될 필요가 있다. 자신의 있음이, 곧 그의 삶 자체가 부단히 ‘문제가 된다’는 것은 단순히 자신의 존재에 대하여 실존적으로 고뇌하고 있음만을 가리키지 않는다. 또한 그것은 특정한 문젯거리를 앞에 두고서 그에 대해 심각하게 고민하고 있다는 것을 뜻하는 것도 아니다. 물론 그러한 순간들이 실존규정을 두드러지게 충족시키는 사례들일 수는 있다. 그러나 근본적으로 우리 인간에게는, 그리고 오로지 인간에게서만, 앞일을 염두에 두고 근심에 빠져 있을 때뿐만이 아니라, 별 생각 없이 무심하게 시간을 흘려보내고 있을 때조차도 자신의 존재는 실존에게 문제되고 있다. 그렇게 항상 실존에게 자신의 존재가 문제가 되는 까닭은 실존은 늘 하나의 가능적 존재로서 단지 ‘있음(Sein)’이라기보다는 오히려 ‘있을 – 수 – 있음(Sein – können)’[20]이며 결코 멈추어 있을 수 없이 부단히 ‘자신을 – 앞지르는(sich – vorweg)’ 방식으로 존재하기 때문에, 나아가 그렇게 자신을 앞지르면서 그때마다 새로이 자기와 세계를 함께 개시하기 때문이다.

세계는 나와 무관하게 덩그러니 앞에 놓여 있는 것이 아니라 나의 실존함과 더불어 개시되는 것이다. 그렇게 개시되는 세계의 내부에서 나와 마찬가지로 현존재로서 존재하

---

20) 하이데거의 다음과 같은 표현이 시사하는 바를 주목할 필요가 있다. “‘문제가 된다’에는 고유한 존재, 즉 ‘있을 – 수 – 있음’으로 나가 있음이 놓여 있다.”(L 235)

는 타인들(Mitdasein), 이런저런 쓰임새를 갖는 다양한 도구적 존재자들(Zuhandenes), 친숙한 쓰임새의 성격을 상실한 채 주제적인 탐구의 시선 속으로 들어오는 사물적 존재자들(Vorhandenes), 그 모두가 함께 발견된다. 이러한 세계의 개시 및 세계 내부적인 존재자들의 발견에는 늘 이미 자기의 개시가 동반되어 있다. 즉 그렇게 세계를 개시하고 사물을 발견하는 자로서의 자기 자신의 존재가 함께 드러나 있다. 세계가 개시되는 것도, 세계 내부적인 존재자들이 발견되는 것도 바로 우리 자신에게서 이루어진다. 개시된 세계의 내부에 있는 다양한 존재자들과의 관계 속에서 자기 자신이 개시된다.

여기서 한 가지 지적되어야 할 더욱 중요한 점이 있다. 또한 이는 우리가 지금 다루고자 하는 주제와 결정적으로 관련되는 것이다. 실존에게 자신의 존재가 문제가 되는 것은 단순히 그의 존재방식이 도래적이며 그때마다 개시적이라는 점만은 아니다. 그것은 또한 이러한 존재자들과의 관계 속에 자리하게 되는 자신의 존재가 그 누구도 아닌 바로 자기 자신에게 달려 있다는 사실, 다시 말해서 다른 누구도 아닌 오직 자신에게만 세계의 개시에 대한 책임이 전적으로 내맡겨져 있다는 사실로부터 기인한다. 그 고유한 나만의 자리로 그때마다 다시 내가 되돌아갈 수밖에 없다는 긴박한 실존적 진실은 그 자리를 용케 짊어져야 할 책임이 결코 타인이든 사회이든 국가이든 그 어떤 타자에게도 떠넘겨질 수 없음을 강력하게 시사해 준다. 자신의 존재를 자기 스스로 떠맡게끔 자신의 존재가 실존에게 그때마다 부과되기 때문에, 자신의 존재가 실존에게 문제가 되는 것이다.

1.2. 본래성과 퇴락에 대한 잠정적 해석

지금까지 우리는 세계와의 관계에 대한 고찰을 바탕으로 인간주체의 새로운 명칭으로서 현존재를 제시한 뒤, 그것의 본질을 실존으로서 확정했다. 실존은 '자신의 존재에서 그러한 존재 자체가 자신에게 문제가 되는 방식으로 있음'을 뜻한다. 실존에게 자신의 존재가 문제시되는 이유는 실존이 자체 내에 지니고 있는 바로 그 운동성, 즉 자신을 앞질러 나가는 통제 불가능한 동력에서 찾을 수 있다. 그러나 그러한 동력을 우리는 대개 의식하지 못한 채로 산다. 일상적인 삶에서 실존의 운동성이 지닌 근본적 의미는 은폐된다. 그런 점에서 자신의 존재를 자각적으로 파악하지 못한 채, 그것을 망각한 채로 자신의 실존적 책임을 방기하면서 사는 일상적인 실존 방식을 진정으로 자기 자신으로 있는 자, 다시 말해서 본래적으로 존재하는 자의 실존 방식이라고 말할 수는 없을 것이다. 그러한 맥락에서 하이데거는 현존재의 실존

방식으로서 본래성(Eigentlichkeit)과 비본래성(Uneigentlichkeit)
이라는 두 가지 근본양태를 제시한다.

- 현존재는 자기 자신을 선택하여 일차적으로 자기 자신으로부터
  자신의 실존을 규정할 수 있다. 즉 본래적으로 실존할 수 있다.
  그러나 현존재는 또한 자신의 존재를 타자에 의해 규정되도록
  하여, 일차적으로 자기 자신에 대한 망각 속에서 비본래적으로
  실존할 수도 있다.(GP 243).
- 현존재는 그가 자신을 제 것으로서 이해하고 장악하는 정도만큼
  자신을 제 것으로 갖는다(sich selbst zu eigen).[21](L 228)
- "일상적 현존재의 자기는 '세상 사람들(das Man)' – 자기이므로,
  우리는 후자를 본래적 자기, 즉 고유하게 장악된 자기와 구별한
  다."(SZ 129)

상기의 인용문들로부터 파악해 보건대, 본래적인 현존재
는 자기 자신을 명료하게 선택하고 또한 고유하게 자신의
것으로서 장악하는 방식으로 실존한다. 반면 비본래적 현존
재는 자기 자신을 명료하게 선택하지 않고서, 그것을 스스
로 떠맡지 않은 채 '세상 사람들'에게 떠넘기는 방식으로
실존한다.

그런데 하이데거는 이러한 자기 자신에 대한 "회피의 실
존론적 구성틀이 **퇴락**의 현상에서 분명해"지고(SZ 139, 강

---

21) '본래성(Eigentlichkeit)'은 어원적으로 '자신을 제 것으로 갖는다'는 뜻을 갖는다.
   'eigentlich'와 'eigen'의 어원적 동일성에 대한 좀 더 상세한 분석은 Taylor
   Carmen, "Authenticity", *A Companion to Heidegger*, edited by Hubert L.
   Dreyfus & Mark A. Wrathall, Blackwell, 2005, 285쪽 참조.

조는 필자가 함) "비본래성이라고 명명했던 것이 **퇴락**의
해석을 통해 더욱 선명하게 규정된다."고(SZ 175,6, 강조는
필자가 함) 말한다. 비본래성과 깊은 관련이 있는 것으로
보이는 이러한 퇴락에 대한 하이데거의 진술들을 조금 더
인용해 보고자 한다.

- "이 세 성격[잡담, 호기심, 애매성]과 그것들의 존재적 연관에서
  일상성의 존재의 한 근본양식이 드러난다. 그것을 우리는 현존
  재의 퇴락이라고 부른다."(SZ 175)
- "현존재는 '본래적인 자기로 있을 − 수 − 있음'으로서의 자기 자
  신으로부터 탈락해서, 우선 언제나 이미 '세계' 속에 퇴락해 있
  다."(SZ 175)
- "자기존재의 본래성은 퇴락에서는 실존적으로 폐쇄되고 배제되
  어 있다."(SZ 184)
- "현존재가 '세상 사람들'과 고려되는 '세계'로 퇴락하는 것을,
  우리는 현존재의 자기 자신 앞에서의 '도피'라고 불렀다."(SZ
  185)

인용문들을 종합하여 파악해 보건대, 세상 사람들로서
살아가는 일상적인 현존재를 지배하는 존재양식이 퇴락이
다. 현존재는 우선 대개 본래적인 자기로부터 이탈하여 '세
계'에 퇴락해 있으며, 이렇게 퇴락한 현존재에게 본래적인
실존양태는 배제된다. 또한 퇴락한 현존재는 이미 본래적인
자기로부터 도피했던 것이다. 이와 같이 퇴락은 인간의 비
본래적인 일상적 생활방식을 낱낱이 규정한다.

1.3. 문제제기

　『존재와 시간』은 본래 존재의 의미에 대한 물음을 철저하게 수행하고자 기획되었다. 그러한 기획 의도에서 애초에 그 저작은 "현존재를 시간성으로 해석하고 시간을 존재물음의 초월론적 지평으로 설명"하는 제1부와 "존재론의 역사를 존재시성의 문제틀을 실마리로 하여 현상학적으로 해체"하는 제2부로 구성되었다(SZ 39). 보충하자면 하이데거의 저작의도는 존재의 의미를 묻기 위한 첫 단추로서 존재이해라는 탁월함을 지닌 존재자인 인간의 존재의미를 시간성이라는 개념으로 해석해 낸 뒤(제1부) 시간과 존재의 연계성이라는 문제의식을 바탕으로 전 형이상학의 역사를 새로이 재해석함으로써 형이상학이 미처 드러내지 못하였던 근본문제를, 말하자면 '시간으로서의 존재'를 부각하려던(제2부) 것이었다. 그러나 잘 알려진 바대로 제2부는 전혀 출간되지 못하였고 총 3편으로 예정되었던 제1부도 채 완성되지 못하고 단지 제2편까지만이 한 권의 책으로 출간되었는바, 그것이 우리가 현재 접하고 있는 『존재와 시간』이다. 거기서 제1편은 현존재의 일상성을 바탕으로 해서 현존재의 존재구조를 분석하고 있으며 제2편은 현존재의 본래성과 전체성, 즉 근원성에 입각해서 현존재의 존재의미를 시

간성으로서 확정하고 있다.[22]

출간된 『존재와 시간』의 목표는 존재물음을 수행하는 기초적 작업으로서 존재이해를 지니고 있는 현존재를 해석하는 것이다. 그러한 해석은 현존재의 존재의미로서 시간성을 제시하는 것으로서 완수되었다. 현존재를 현존재로서 존재할 수 있게끔 해 주는 기반은 도래, 과거, 현재의 세 시간 계기들이 통일적인 지평을 이루는 시간성이라고 말해진다. 그런데 하이데거는 시간성을 현존재의 근원적인 존재방식, 즉 본래적이자 전체적인 존재방식인 '선구적 결의성(die vorlaufende Entschloβenheit)'이라는 개념으로부터 도출해 낸다. 그런데 선구적 결의성은 본래적인 현존재의 개시성이다(SZ 297). 다시 말해서 그것은 현존재의 두 근본양태 중 하나인 본래성이 개시하는 방식이다. 그렇다면 본래성이라는 특정한 실존양태는 하이데거가 존재론적으로 현존재의 존재의미를 시간성으로 파악하기 위해서는 필수적으로 요청되는 현상적 증거라 할 수 있다. 따라서 만일 본래성이 불가해한 개념이 되어 버린다면 현존재의 존재의미를 시간성으로 도출해 내는 것은 물론이거니와 이를 기초로 하여 존재일반의 의미를 캐묻고자 하던 『존재와 시간』 전체의 기획이 흔들릴 수 있을 것이다.

---

22) 제1부의 세 편의 제목은 각각 다음과 같다. 제1편 현존재에 대한 예비적 기초분석, 제2편 현존재와 시간성, 제3편 시간과 존재. SZ 40쪽 참조.

그런데 다음과 같은 진술들을 보면 본래성이라는 실존양태가 과연 개념적으로 납득할만한 것인지 즉각 의심스러워진다. 바로 앞에서 퇴락이 비본래성과 거의 동치로 여겨지면서 본래성의 대립개념으로서 등장하였던 것을 상기하면서 퇴락에 대한 다음의 진술들을 살펴보자.

- 퇴락은 존재론적 – 실존론적 구조이며 어떠한 인류문화의 진보단계에서도 제거될 수 없다.(SZ 176)
- 퇴락은 현존재의 본질적인 존재론적 구조이며 현존재를 일상성에서 구성한다.(SZ 179)
- "세계 – 내 – 존재는 언제나 이미 퇴락해 있다."(SZ 181)
- 퇴락은 피투된 기획투사와 일치하는 현존재의 가장 내적인 초월적 유한성이다.(KM 228)

이러한 퇴락의 불가피성과 그에 따른 본래성의 구현 불가능성을 성급하게 결론짓기에 앞서서 잠시 하이데거가 자신의 논의를 이끌어 가는 구도를 살펴보자. 그는 일단 현존재의 비본래적인 일상성을 먼저 분석하고 그 뒤에 그러한 분석을 바탕으로 해서 현존재의 본래적인 근원성을 조명하는바, 그로써 시간성이 현존재의 궁극적 존재기반으로서 도출되는 것이다. 그런데 이와 같이 현존재의 일상적 존재방식을 기초로 삼아 이에 입각해서 현존재의 근원적 실존방식을 해석할 수 있으려면 일상성과 근원성이라는 양자를 매개해 주는 고리가 있어야만 할 것이다. 그런 것이 없다면 일상성에 입각해서 근원성을 조명한다는 구도는 허무맹랑한 것이 되고 말 것이기 때문이다. 하이데거에게 그 매개고리는 양자의 구조적 동일성이라고 할 수 있다. 그는『존재와 시간』의 서두에 "일상성에서…… 현 사실적인 현존재의 모든 존재양식을 관철하는 본질적인 구조들이 규명되어야 한다."고 말한다(SZ 17). 요컨대 일상성과 근원성은, 달리 말해서 비본래성과 본래성은 양태적인 차이일 뿐 구조적인 차이가 아니다. 바로 그렇기 때문에 비본래적인 혹은 일상적인 현존재로부터 현존재 일반의 구조를 추출해 내어 본래적인 현존재에게도 그러한 구조를 대입, 적용할 수 있었던 것이다. 또한 그러한 까닭에 하이데거는 "평균적 일상성에서도, 심지어는 비본래성의 양태에서도 실존성의 선험적인 구조가 놓여 있다."고 말할 수 있었던 것이다(SZ 44, 강조는 필자가 함).

이러한 맥락에서 퇴락에 대한 상기의 인용문들을 종합적으로 파악하자면, 퇴락은 현존재의 내적 유한성으로서 그에게 본질적인 실존론적 구조라고 말할 수 있다. 본질적인 실존론적 구조로서의 퇴락이 양태와 무관하게 현존재의 실존방식에 적용되어야 할 '실존성의 선험적인 구조'에 해당되어야 함은 분명한 것 같다.

여기서부터 문제가 본격적으로 발생한다. 앞서의 인용문들에 따르면 퇴락은 비본래성과 거의 동치로 여겨져도 좋

을 것으로 상정되었다. 그런데 지금의 인용문들에 따라보건
대 퇴락은 실존성의 선험적인 구조로 여겨져야만 한다. 그
렇다면 비본래성이라고 여겨지던 퇴락이 실존성의 선험적
인 구조가 되는 셈이다. 그런데 그렇다면 본래성이란 불가
능한 모순적 개념이 되고 만다. 퇴락이, 곧 비본래성이 현
존재의 선험적 구조라고 한다면 어떻게 동시에 본래적인
현존재가 실재할 수 있단 말인가?

　어떻게든 이러한 문제가 해결되지 않는다면 하이데거의
현존재 분석론은 총체적으로 좌초하고 만다. 왜냐하면 앞서
밝힌 바와 같이 현존재 분석론의 결론, 즉 현존재의 존재의
미를 시간성으로서 확정해 내는 일은 현존재의 본래성에
의존하고 있기 때문이다. 그럼에도 불구하고 안타깝게도 이
문제에 대하여 하이데거는 직접적으로 답변을 제공하고 있
지 않으며 간접적인 시사조차도 대단히 불충분하며 불분명
한 구석이 많다. 우리는 본론에서 이러한 불명료함을 가능
한 한 명쾌하게 해설해 내는 것을 목표로 하며 동시에 이
문제에 대한 가능한 해결방식들 가운데 하나의 입장에 서
서 다른 입장들의 부당성을 논박하고자 한다. 먼저 아주 간
단히만 밝히자면 작금의 문제에 대한 우리의 전략은 퇴락
과 비본래성을 동치로 놓는 것은 부당한 것임을 보여주고
퇴락은 현존재의 본질적인 구조이지만 비본래성과 동일한 것
은 아니므로 본래성과 양립이 어렵지만 가능하다는 것을 보여

주는 것이다. 이하에서는 우선 이 문제에 대한 가능한 다른 입장들에는 어떠한 것들이 있는지부터 확인해 보고자 한다.

2. 네 가지 가능한 입장들

지금 제기된 문제를 해결 혹은 제거하기 위해 논리적으로 가능한 입장들은 크게 퇴락과 본래성이 양립 불가능하다는 입장과 양립 가능하다는 입장으로 갈릴 수 있다. 전자는 퇴락과 비본래성을 동치로 간주하여 퇴락과 본래성의 양립이 불가능하다고 본다. 그렇다면 이 입장에서 상기의 문제는 어떤 식으로 해결되는가? 즉 퇴락이, 곧 비본래성이 현존재의 본질적인 구조라는 지위를 가지는데 어떻게 퇴락이 그러한 지위를 포기한 채로 제거되어 본래성이 구현될 수 있단 말인가? 여기서 이 입장은 퇴락의 구조적 지위를 인정하는가의 여부에 따라 혹은 퇴락의 제거가 순간적인가 지속적인가에 따라 다시금 두 가지 상이한 세부 입장들로 나뉠 수 있다. 그중 한 입장은 퇴락이 현존재의 본질적인 구조임을 인정하고 그에 따라 퇴락의 극복을 단지 일순간 적으로만 가능하다고 보는 것이다. 즉 일반적으로 퇴락의 제거 혹은 극복은 불가능하지만 아주 예외적인 순간에서는 가능하다는 식으로 해석하는 것이다. 다른 한 입장은 퇴락을 본질적 구조로 간주하는 해석을 ― 실상 그것이 많은 하이데거 연구자들의 통상적인 해석임에도 불구하고 ― 잘못된 독해에 기인한 것이라고 비판하면서 퇴락이 배제된 본래성이 지속적으로도 가능하다고 주장하는 해석이다.

한편 퇴락과 본래성이 양립 가능하다는 입장이 있을 수 있다. 이러한 입장은 양자의 공존을 수용하면서 어떻게든 이들을 조화시키려 시도해야 할 것이다. 여기에서도 다시금 두 가지 세부 입장들이 가능하다. 그중 한 입장은 퇴락을 비본래성으로의 경향성으로 간주하는 것이다. 이에 따르면 퇴락은 현존재의 본질적인 구조에 속하기는 하지만 그것은 단지 경향성일 뿐이므로 현존재는 이를 극복하여 본래적으로 실존할 수 있다. 이때 본래적으로 실존하는 현존재에게서도 퇴락은 경향성으로서 잠재하여 있는 것이지 제거된 것이 아니라는 점에서 본래성과 퇴락은 양립한다고 말할 수 있을 것이다. 양자의 양립을 인정하는 또 다른 입장은 퇴락이 본래적 현존재에게는 단순히 경향적으로만 내재할 뿐 잠재해 있다고 보는 것이 아니라 실질적으로도, 현세적으로도 작용한다고 보는 것이다. 즉 본래적인 현존재에게서도 구조적인 퇴락의 제반 현상들이 발현된다고 해석하는 입장이 있을 수 있다.

상기의 네 가지 가능한 입장들 및 그러한 입장들에 각각

속하는 것으로 간주될 수 있는 대표적인 연구자들을 아래
와 같이 명시할 수 있겠다.

A. 퇴락과 비본래성을 동치로 간주, 퇴락과 본래성의 양립을 거부하
   는 입장
A-1. 퇴락의 구조적 지위를 인정, 본래성의 지속성을 불인정: 페
   겔러(1994)
A-2. 퇴락의 구조적 지위를 불인정, 본래성의 지속성을 인정: 헤
   르만(2004)
B. 퇴락과 비본래성을 구별, 퇴락과 본래성의 양립을 인정하는 입장
B-1. 퇴락은 비본래성으로의 경향성에 불과, 본래성에서 퇴락은
   잠재적: 리처드슨(2003), 짐머만(1986), 프로인트(1944)
B-2. 퇴락은 본래성에서도 현세적: 드라이퍼스(1991), 메르커
   (1988)[23]

상기의 연구자들이 각기 어떠한 입장에 속해 있는가는
대체적으로 그들 자신의 명시적인 표명에 의한 것은 아니
다.[24] 그러나 제기된 문제, 즉 퇴락 혹은 비본래성의 선험
적인 구조로서의 지위에 맞서 본래성이 어떻게 가능한가라

---

23) 메르커(1988)는 실존의 상태를 "비본래적 퇴락성-불안/양심-본래적인 퇴락
    성"이라는 세 국면으로 구분한다. Babara Merker, *Selbsttäuschung und
    Selbsterkenntnis*, Frankfurt a.M.: Suhrkamp., 202쪽 참조.

24) 이 문제를 날카롭게 제기한 연구가는 많지 않다. 나의 지지입장에 서 있는 드라
    이퍼스나 메르커를 제외하고는 본래성과 퇴락의 양립 가능성의 문제에서 해석의
    갈등이 발생한다는 점을 특별히 문제시하는 연구자가 거의 없다. 그 외에 카르멘
    이 본고와 대단히 유사한 방식으로 본래성과 퇴락의 상관성에 대하여 문제를 제
    기한 바 있다. Taylor Carmen, "Must We be Inauthentic?", *Heidegger,
    Authenticity, and Modernity-Essays in Honor of Hubert L. Dreyfus, Vol
    1.*, edited by Mark A. Wrathall & Jeff Malpas, New Baskerville: The
    MIT, 2000 참조.

는 문제를 그들이 주제적으로 다룬다면, 그들이 자신들의 해석도식에 충실히 따른다는 전제하에, 그들은 상기의 입장들로 귀속될 수밖에 없다. 그러한 사실은 이하에서 충분히 증명될 것이다.

3. 본론의 소개

　본서의 목적은 퇴락을 본질적인 구조로서 지니고 있는 현존재가 어떻게 본래적으로 실존할 수 있는가를 명쾌하게 해설해 내는 것이다. 그러한 목적하에 본론에서는 우선 앞서 소개된 네 입장들 가운데 내가 지지하는 입장, 즉 퇴락과 비본래성을 구별하면서 퇴락과 본래성의 양립을 인정하되 퇴락을 단지 비본래성으로의 경향성으로 간주하지 않고 본래성에서도 현세적으로 발현되는 것으로 보는 입장을 제외한 나머지 세 입장들을 논박할 것이다. 세 입장들의 대표적인 연구자들이 지금 제기된 문제에 대하여 각기 어떠한 해석방식을 취하는가를 먼저 재구성하고 그러한 해석방식의 문제점이 무엇인지를 각각 지적할 것이다. 이러한 작업은 동시에 전기 하이데거의 주요 사상을 전반적으로 포괄할 것이기 때문에 향후의 논의 전개를 위한 기초적인 이해를 도모하는 역할도 함께 맡게 될 것이다. 이것이 제2장에서 다루어질 내용이다.

제3장과 제4장에서는 내가 지지하는 입장을 설파할 것이다. 이 입장을 가장 잘 드러내 주는 해석은 드라이퍼스(Hubert L. Dreyfus)의 해석이며 특히나 그의 독특하며 체계적인 퇴락 분석이라고 할 수 있다. 따라서 제3장에서는 그의 퇴락 분석을 전면적으로 수용할 것이다. 또한 미처 그의 해석에서 부각되지 못하였던 퇴락의 제 현상들도 함께 다각적으로 분석할 것이다. 그리고 드라이퍼스의 탁월한 해석에도 불구하고 그에게서 드러나는 몇 가지 근본적 문제점들을 부각시키고 그것들에 대한 해결방안이 최종적으로 제시될 것이다.

앞서 복잡한 퇴락의 제 양상들을 분석, 정리하는 작업이 시행된다면, 제4장에서는 그것들이 본래성에서 어떠한 식으로 나타나는가가 구체적으로 제시될 것이다. 이러한 작업은 불안이라는 근본기분을 통해서 어떻게 일상적 현존재가 본래적으로 변양해 가는지 그 과정을 낱낱이 조명하는 방식으로 이루어질 것이다. 이로써 동시에 본래적으로 실존하는 현존재에게 어떤 방식으로 퇴락이 귀속될 수 있는지가 확인될 것이며 또한 나의 지지입장의 타당성이 확증될 것이다.

제 2 장
기존의 주요 연구들에 대한 비판적 검토

1. 퇴락과 본래성의 양립을 거부하며 본래성의 지속성을 인정하지 않는 입장

1.1. 입장의 재구성

아마도 퇴락, 비본래성, 본래성의 상관관계에 대해 집요한 관심을 갖지 않고 하이데거의 진술들을 따라 읽는다면 아마도 암암리에 지금 다루고자 하는 입장을 취할 가능성이 높으리라 생각된다. 하이데거 자신이 본래적인 현존재가 어떤 방식으로 퇴락해 있는가에 대해서는 단 한마디도 직접적으로 언급하지 않으며 퇴락을 비본래적인 실존방식으로 설명하는 부분들이 하이데거의 저작들 곳곳에서 발견되는 반면에, 본래성과 퇴락의 양립에 대한 직접적인 해명을 제시하는 부분은 거의 어디에서도 발견되지 않는다.[25] 우리가 앞서 확인한 바와 같이 퇴락과 비본래성을 동일한 것인 양 취급하던 인용문들과 퇴락의 본질적, 구조적 지위를 인정하는 인용문들을 모두 곧이곧대로 받아들인다면 이러한 입장이 자연히 도출된다. 즉 퇴락과 비본래성이 동일시되며 퇴락의 본질적, 구조적인 지위가 유지된다. 따라서 당연히 퇴락(혹은 비본래성)과 본래성은 상호 양립 불가능한 것이라고 여겨진다. 하지만 그럴 경우 이미 퇴락(혹은 비본래성)의 필연적 성격을 순순히 인정한 이상 본래성은 엄밀히 말하자면 구현 불가능한 것이 되고 만다. 그러나 하이데거 사상의 전반적인 맥락에서 볼 때 이는 가당치 않은 일이다. 따라서 결국 본래성의 구현은 일종의 예외적인 현상쯤으로, 퇴락이라는 필연적인 현존재의 구성요소를 순간적으로 넘어서는 일탈현상 정도로 간주될 수밖에 없다. 물론 명시적으로 이러한 입장을 표방하는 해석자는 나의 독서범위 내에서는 없다. 이는 어쩌면 당연한 일일 수 있다. 하이데거 자신의 논의전개에 있어서 그리고 우리 인간의 현실적 삶에 있어서 그토록 중요하고 결정적인 역할을 부여

---

25) 아마도 하이데거가 본래적인 현존재의 퇴락방식에 대하여 직접 설명하지 않은 것은 하이데거 자신의 학적 관심사에 기인한다. 그는 순전히 실존론적 – 존재론적 문제에 관심이 있었지, 실존적 – 존재적으로 현존재가 어떠한가에 대해서는 관심을 두지 않는다. 하이데거는 본래적인 현존재의 실존적 존재방식을 자신의 존재론적 문제해결의 단초로 활용할 뿐이지, 본래성의 실존방식 자체에 학적 탐구의 목적이 있었던 것이 아니다. 그러므로 그는 단지 본래적인 현존재의 존재론적 지평으로서 근원적인 시간성을 도출하였던 것이지, 퇴락해 있는 본래적인 현존재의 구체적인 삶의 모습에는 관심이 없었던 것이다. 나의 판단으로는 바로 그러한 까닭에 하이데거가 이에 대하여 언급이 없었던 것이지, 이를 인정하지 않았기 때문에 직접 언급하지 않았던 것은 아니다.

받는 본래성이라는 실존양태가 단지 예외적인 순간의 일탈현상일 따름이라는 결론은 — 그러한 결론의 도출과정의 타당성을 논외로 하더라도 그리고 설사 본래성이 인간의 이념적 상태를 표본으로서 제시하는 것이라고 하더라도 — 그 자체로 대단히 매력 없는 결과인 것이다. 그럼에도 어찌되었든 퇴락과 비본래성을 동일시하고 퇴락의 구조적 지위를 인정한다면 필연적으로 이러한 결과에 이를 수밖에 없는바, 이러한 가정을 받아들이는 상당수의 연구자들의 해석은 본인들의 입장표명 여부와는 별개로 이 입장에 귀속될 수밖에 없을 것이다. 나는 여기에 속하는 대표적인 입장으로서 오토 푀겔러(Otto Pöggeler)의 해석을 거론하고자 한다. 왜냐하면 그는 실제로 스스로 그러한 입장임을 인정해도 좋을 만한 발언들을 내놓았기 때문이다. 나의 판단으로는 푀겔러를 포함한 이러한 입장은 본래성의 지속성을 입증함으로써 논박될 수 있다. 그러나 여기에서는 그전에 먼저 본래성과 퇴락 및 비본래성의 관계에 대한 푀겔러의 해석 혹은 이 입장의 통례적인 해석을 아래와 같이 재구성해 보이고자 한다. 이것은 나의 입장을 포함하여 특정 해석 입장과 무관하게 인정될 수 있는 내용도 상당 부분 포함하고 있으므로 본래성과 퇴락의 관계에 대한 전반적인 이해를 도모하는 데에도 한몫할 수 있을 것이다.

1) 현존재는 우선 대개 비본래적으로 실존한다. 일상적인 현존재는 공공성이 지배하는 척도와 가치 및 규범 등에 안주하면서 '세상 사람들'이 부여하는 가능성을 자신의 고유한 선택인 양 받아들이고 자신의 실존에 대한 책임을 회피한다. 그런 식으로 현존재는 자신의 고유한 자기를 상실하고 그 자신 역시 '세상 사람들'로서 살아가게 된다. 현존재는 일상적으로 통용되는 해석에 따라 세계 내부적 존재자들과 관계를 맺음으로써 그것들과의 근원적인 연관을 단절한 채, 타인들과 평균적인 이해 가능성만을 서로 교환하고 (잡담, Gerede) 자신이 관계 맺는 존재자들에 대하여 깊이 있게 천착함이 없이 단순한 겉핥기만을 하면서 이리저리 흥밋거리를 찾아 끊임없이 산만하게 옮겨 다니며(호기심, Neugier) 자신의 진정한 존재 가능성을 찾기 위한 감행의 노력 없이 공공적으로 주어지는 행동양식에서 안락함을 구하며 근원성이 뿌리 뽑힌 불투명한 이해를 자명하고 확실한 것으로 받아들인다(애매성, Zweideutigkeit). 이러한 잡담, 호기심, 애매성으로 이루어지는 '일상성의 존재의 근본양식'을 하이데거는 '퇴락'이라고 명명한다(SZ 176). 그러므로 퇴락은 일상성, 즉 비본래성의 존재양식이다.

2) 퇴락하여 실존하는 현존재에게 불안이 엄습한다. 본래 불안은 늘 현존재에게 함께하고 있다. 그러나 불안이 가져다주는 섬뜩함과 그것이 일깨우는 '존재의 사실'이라는 무

거운 짐을 견딜 수 없기 때문에 일상적으로 현존재는 불안을 외면하고 살아간다. 불안 속에서 현존재는 자신이 서 있던 지반인 세계, 굳건하게 자신을 지탱해 주리라 믿어왔던 세계가 철저하게 무의미한 것으로 무너져 내리는 것을 경험하게 된다. 현존재는 단독자로서 개별화되고 세계의 무 앞에 직면하게 된다. 그때 가장 고유하게 자기 자신으로 존재할 수 있는 길이 열린다. 불안은 현존재에게 자기 자신으로부터 도피하는 비본래성의 길과, 자기 자신을 선택하고 그것을 인수하는 본래성의 길을 함께 제시한다. 여기서 양심이 건네는 침묵의 목소리는 현존재로 하여금 본래성의 길을 걷도록 종용한다. 그러나 대개는 자기 자신으로부터 다시금 도피하게 된다. 왜냐하면 본래적 실존의 선택은 그간의 자신의 삶을 지탱시켜 온 신념체계를 비롯한 나의 정체성까지도 실상은 심연적 무근거 위에 구축되어 있다는 사실을 적나라하게 인정할 것을 강요하기 때문이다.

3) 가장 고유한 자기의 선택은 자신의 존재의 무력성을 감내하는 '양심을-가지기를-의욕함(Gewissen-haben-wollen)'에서 가능하다. 이때의 개시성을 하이데거는 결의성이라고 부른다. 결의성은 탁월한 개시성이다. 왜냐하면 결의한 현존재는 더 이상 '세상 사람들'의 공공적 척도에 얽매이지 않고 가장 고유하게 있을 수 있기 때문에, 그리고 그럼으로써 잡담, 호기심, 애매성 등의 퇴락의 제 양상들을 물리치

고 존재자에 대한 근원적인 이해에 다다를 수 있기 때문이다. 그런데 결의성은 죽음으로 선구할 때에야 비로소 본래적인 결의성이라 할 수 있다. 왜냐하면 자기 자신의 죽음을 향해 선구할 때에야말로 철저하게 자기 자신으로 개별화되기 때문이다. 선구적으로 결의할 때, 현존재는 본래적으로 실존할 수 있게 된다.

4) 하이데거가 퇴락을 "본질적인 존재론적 구조"라고 언급했다고 해서 퇴락을 본래적 실존에게까지 적용하려 한다면, 비본래적 실존과 본래적 실존 사이에는 아무런 차이도 있을 수가 없을 것이다. 비본래성이 우선 대개 현존재에게서 나타나는 일상적인 존재양식이며 한번 본래성을 회복한 실존이라고 하더라도 이내 비본래성으로 돌아가기가 쉬운 까닭에 하이데거는 퇴락을 현존재 일반을 지배하는 근본적인 존재성격으로서 인정했던 것일 뿐이다.

이러한 해석에서 공공성, 일상성, 비본래성 등은 퇴락이라는 존재양식과 거의 동일선상에서 취급된다. 그리고 이러한 것들은 선구적으로 결의한 실존, 즉 본래적인 현존재에게는 귀속되지 않는다. 그렇다면 본래적인 현존재는 비본래성 혹은 퇴락을 극복한 것이어야만 한다. 그러면서도 동시에 아마도 비본래성 혹은 퇴락의 필연적 성격을 인정할 수밖에 없기 때문에 푀겔러는 비본래성이 '떨쳐질(zurückgelassen)'

수 없는 것이므로 현존재는 '항상 새롭게' '비본래성을 뚫고 나올 때에만' '본래적일 수 있다'고 말한다.[26] 이로 보건대 그가 염두에 두는 본래성 개념은 어떤 지속적으로 견지될 수 있는 성격이라기보다는 일시적인 성격을 가지며, 현존재는 끊임없이 되풀이하여 본래성을 되찾을 수 있을 뿐인 것 같다. 이러한 이유에서 푀겔러의 입장이 첫 번째 입장에 귀속되는 것이다.

일단 퇴락과 본래성의 양립 불가능성을 주장하는 입장이라면, 이와 같이 본래성이 지속적이기보다는 일시적으로 일어나는 실존방식이어야만 한다는 귀결은 한편으로는 자연스러운 일이다. 하이데거는 분명 현존재가 '우선 대개' 퇴락해 있다고 말하며, '일상성'이 곧 퇴락의 존재양식을 뜻하고, '분망함, 흥분함, 관심 가짐, 향락 등'(SZ 43)이 비본래성에서 구체화된다고도 말한다. 또한 "퇴락은 현존재 자신의 본질적인 존재론적 구조를 드러내고 있으며, 그 구조는…… 현존재의 매일매일을 전부 그 일상성에서 구성한다."(SZ 179)는 하이데거의 진술을 고려해 보건대, 퇴락과 결부되지 않는 본래성 개념을 주장하는 입장에서는 본래성이 영속적인 성격을 갖는다고 주장하기는 어려울 것이다. 더더군다나 하이데거 자신이 본래성이 순간적으로 구현되

---

26) Otto Pöggeler, *Der Denkweg Martin Heideggers*, Stuttgart: Günter Neske, 1994, 62쪽 참조. 이하 'DM'으로 약기.

는 것처럼 말하는 때가 분명히 있다. 이를테면 일상의 지배는 '순간적으로' 일어나고(SZ 371), "전체적이며 본질적으로 실존할 수 있는 현존재의 순간들은 드물 뿐만 아니라, 일시적으로 머무는 좁은 정상(Spitze)"과 같으며(EP 336) "한 현존재의 시간 전체를 참작해 보건대 순간의 본질은 순간의 드묾에 놓이고"(GM 427) "인간은 극히 몇 안 되는 순간에만 자신의 고유한 가능성의 정점에서 실존"(KM 290)한다고 언급한다. 이러한 표현들은 분명히 본래성을 암시하는 것처럼 보일 수 있다. 그러나 마치 본래성이 '순간적'으로 일어나는 것처럼 서술한 듯한 상기의 인용문들은 본래성을 염두에 둔 것이 아니라 본래성으로의 결정적인 변양계기인, 그러나 동시에 단지 첫 단추일 뿐인, 고도의 불안 기분을 인수하는 실존상태 혹은 꼭 그것이 본래성으로의 변양계기가 되지는 않는다고 하더라도 어쨌든 존재자 전체를 단적으로 개현하면서 불안이라는 근본기분에 전면적으로 휩싸이는 특정 순간을 가리키는 것이라 생각된다. 「형이상학이란 무엇인가?」에서 하이데거는 불안이 드문 순간에만 일어난다는 언급을 수차례 하는데 상기의 전거들은 아마도 이와 동일한 맥락에서 쓰인 것으로 여겨질 수 있다.

1.2. 비판 A: 본래성의 지속성을 시사하는 전거 제시

우리는 방금 본래성이 순간적으로 일어나는 사태로 간주될 수 있을 법한 전거들이 실상 본래성 자체를 가리키는 것이라기보다는 그것에의 변양계기 혹은 불안 기분의 정점 상태를 가리키는 것으로 간주되어야만 할 것임을 확인하였다. 그러나 이로써 벌써 본래성이 지속적으로 일어나는 실존방식이라는 점까지 확인된 것은 아니다. 여기에서는 다양한 전거들을 통해서 본래성이 단지 퇴락으로부터의 일순간적인 일탈상태가 아니라 지속적으로 발현되는 실존방식임을 확인하고자 한다. 이것은 말하자면 문헌학적인 근거 제시에 가깝다. 하지만 이후에 본래성을 해설하는 자리에서 이에 대한 좀 더 철학적인 설명들도 일부 확인될 수 있을 것이다. 구체적으로는 "결의의 철회"(SZ 308), "고려하면서 머묾"(SZ 352), "학문의 근원"(SZ 363) 등 크게 세 가지의 전거들이 순서대로 제시될 것이다.

1.2.1. "결의의 철회"

결의성은 앞서 말한 바와 같이 본래적으로 실존하는 현존재의 탁월한 개시성이다. 우리는 아직 '결의성'에 대해서 충분한 설명을 하지 않았다. 결의성이 충분하게 설명되려면

불안, 양심, 죽음으로의 선구 등의 본래성의 결정적 요소들
이 모두 해명되어야만 한다. 그것은 이후의 자리로 잠시 미
루어두고자 한다. 지금은 단지 결의성이 탁월한 개시성이라
는 점에만 초점을 맞추고자 한다. 도입부에서 확인한 것처
럼 현존재는 그 자체 개시성이다. 그것도 세계-개시성이
자 동시에 자기-개시성이라고 하였다. 그런데 결의성이
탁월한 개시성이라면 그것은 이러한 세계와 자기의 개시능
력이 탁월하게 발휘될 때의 개시성이라고 짐작해 볼 수 있
을 것이다. 실로 그렇다. 일상적 현존재에게서 개시성은 세
상 사람들의 지배하에 머물러 있는 개시성이기 때문에 세
계와 자기를 근원적으로 개시할 역량이 없다. 결의성은 그
러나 이렇게 세상 사람들의 시야에 국한된 개시성을 어느
정도는 타파할 수 있는 혹은 넘어설 수 있는 개시성이다.
다시 말해서 결의한 현존재는 더 이상 '세상 사람들'의 공
공적인 규범과 질서에 단순히 순응하여 살지 않으며 자신
의 본래적인 가능성을 되찾으려 분투한다. 비본래적인 현존
재가 피상적인 존재이해에 머무르며 존재자들과 교섭한다
면, 본래적인 현존재는 은폐되어 왔던 자기 자신의 존재에
대한 명료한 장악과 더불어 존재자 자체에 대해서도 근원
적인 관계를 맺으려 노력한다. 여기까지는 논의 전개를 위
한 배경설명이라 할 수 있다.

중요한 논의는 지금부터 시작된다. 그런데 그러한 근원

적인 관계 맺음에의 노력은 단지 일순간 벌어지는 찰나의
사건이 아니라 지속적으로 반복되어 견지되는 것임을 다음
의 인용문을 통해서 확인할 수 있다.

결의성에 속해 있는 확신성은 결의에 의해 개시된 것에서 견지되어
야 한다. 그러나 이것은 그러한 확신성이 상황에 **고착해** 있을 수 있
음을 뜻하는 것이 아니다. 오히려 확신성은 결의가…… 그때마다의
현 사실적 가능성에 대하여 자유로이 그리고 **열린 채 견지되어야**
함을 이해해야만 한다. 결의의 확신성은 결의의 가능한 그리고 그때
마다 현실적으로 불가피한 **철회(Zurücknahme)에** 대해서 **자신을**
터놓음[열어놓음]을 뜻한다(SZ 307, 8).

아마도 상기 인용문은 풀이하기가 대단히 어려운 구절
가운데 하나이다. 이 구절을 풀이하기 전에 먼저 결의
(Entschluβ)와 결의성(Entschloβenheit)에 대한 설명부터 해
야 할 것 같다. 결의성은 본래적인 현존재의 탁월한 개시성
이다. 하나의 결의는 이러한 결의성의 상태에서 내리게 되
는 특정한 상황에서의 행위에 대한 하나의 선택 혹은 결단
을 말한다. 결의를 철회한다는 것은 특정한 상황에서 내린
자신의 결단을 무른다는 것을 의미하고, 나아가 새로이 펼
쳐진 상황에 따른 결단을 새로이 내린다는 것까지도 함축
한다. 통상적인 개념에 따라보자면 이것은 '결의의 확신성'
과는 배치되는 것이다. 왜냐하면 특정 결의에 대한 확신이
무너질 때에야 비로소 그 결의를 철회하는 것이라 생각되

기 쉽기 때문이다. 그렇다면 하이데거는 왜 이러한 통념과
는 배치되게 결의의 확신성이 결의의 철회에 대해 늘 열려
있다고 말하는가? 이에 대한 답변 전에 구절 풀이를 좀 더
진행시켜 보자.

본래적인 현존재라고 해서 인간의 유한성을 초탈하는 것
은 결코 아니다. 아니 오히려 그는 인간의 유한성을 뼈저리
게 깨달은 자라고 할 수 있으며 그것이 자신을 규정하는
중핵임을 적극적으로 받아들이는 자에 가깝다. 따라서 탁월
한 개시성, 즉 결의성의 상태에서 내리는 결단일지라도 그
것이 특정 상황에서는 훌륭한 결단일 수 있겠지만 시간이
흐르고 사정이 변함에 따라 그 결단을 더 이상 고수하기가
어려워지는 상황에 봉착할 수도 있는 것이다. 바로 그러한
상황에서 기존의 결단, 결의는 철회되어야만 한다. 그런데
이러한 철회는 그렇다면 기존의 결의의 확신성과는 충돌하
는 것인가? 통념과는 달리 하이데거는 그렇다고 보지 않는
다. 왜냐하면 결의의 확신성은 근본적으로 결의성에서의 자
기 자신의 존재에 대한 굳건한 확신을 뜻하기 때문이다. 결
의의 확신성은 근본적으로 단지 특정한 상황에서의 특정한
결의에 대한 확신을 의미하는 것이 아니라 그러한 결의를
포함하여 지속적으로 지탱되는 굳건한 자기에 대한 확신을
의미한다. 따라서 특정 상황에서 기존 결의는 얼마든지 철
회될 수 있으며 그러한 철회에도 불구하고 결의의 확신성

이 무너지는 것은 아닌 것이다.

이러한 상세한 풀이를 바탕으로 하여 여기에서 말하고자 하는 바는 이러한 결의의 철회 및 그럼에도 견지되는 결의의 확신성이란 이미 결의성의 지속성을 전제할 때에야 가능한 이야기라는 점이다. 결의성의 지속성이 전제되지 않는다면 결의의 철회라든가 그러한 철회에도 불구하고 견지되는 결의의 확신성에 대한 논의는 그야말로 공허한 것에 불과하게 된다.

1.2.2. "고려하면서 머묾"

또 다른 전거를 찾아보자. 본래적인 현존재를 일순간 일어나는 실존방식으로 간주한다면, 특히나 그것이 실존의 정점의 순간과 같은 것으로 이해될 경우에는 더더욱, 연필, 책상, 전등, 의자 따위의 도구들을 사용하고 다루는 여러 일상적인 행동들이 본래성의 실존방식에서 이루어지는 일로 간주되기는 어려울 것이다. 그런데 하이데거는 명시적으로 다음과 같이 언급한다.

> 우리는 '~곁에 있음'의 범례적인 현상들로서 도구적 존재자를 사용함, 다룸, 제작함 및 이러한 것들의 결여적이거나 무차별적 양태들, 다시 말해서 일상적인 필요에 속하는 그러한 것 곁에 있음을 선택했다. 현존재의 본래적인 실존 역시 그러한 고려함[즉 일상적인 필요에

　　본래적인 현존재 역시 일상적인 행동들에 머물 수밖에
없다. 그런 점에서 본래성을 일시적으로 구현되는 사태로
간주하기는 어렵다. 차후에 좀 더 상세히 설명되겠지만 본
래적인 현존재는 불안에서 드러나는 세계의 무의미함과 존
재자 전체가 무화되는 사태 속에서 존재자 그 자체의 근원
적인 개현을 경험한다(W 113). 그러한 경험은 도구적인 존
재자이든, 사물적인 존재자이든 개별적 존재자들과의 왕래,
즉 고려가 중단되는 사태임은 분명하다. 그러나 하이데거가
염두에 두었던 본래적인 현존재는 그러한 불안의 경험에 대
한 경이에서 그치는 것이 아니라 다시금 일상 속으로 돌아
와 도구적 존재자들을 다루면서 살아가는 인간을 가리킨다.
　　유식불교의 시각에서 전기 하이데거의 사상을 독해해 낸

---

27) '고려(Besorgen)'는 하이데거가 일상적 현존재의 실존방식을 설명할 때 가장 자
주 사용하는 용어 중 하나이다. "일상적인 세계 – 내 – 존재를 우리는 또한 세계
안에서의 세계 내부적인 존재자와의 교섭이라고도 이름한다. 이 교섭은 이미 고
려의 방식의 다양성 안으로 분산되었다. 교섭의 가장 가까운 양식은…… 다루며
사용하는 고려이다."(SZ 67) 현존재가 주위세계에서 특정한 도구 따위를 다루고
있을 때에 그 현존재는 그러한 도구 및 주위세계 전체를 '고려'하면서 실존하는
것이다. '고려' 역시 임의로 우리가 취하거나 말거나 하는 속성이 아니라 현존재
에게 본질적으로 귀속되어 있는 존재론적 개념이다. "현존재에게 본질적으로 세
계 – 내 – 존재가 속하기 때문에, 세계에 대한 그의 존재는 본질적으로 고려이
다."(SZ 57) 그러므로 우리가 아무것도 고려하고 있지 않다고 생각할 때에도,
휴식을 취하고 있을 때에도 우리는 무언가를 고려하고 있는 것이다. "그러나 이
러한 휴식 속에서 고려가 사라지는 것은 아니다."(SZ 172)

김형효(2000)는 이와 유사한 맥락에서 상기의 인용문을 다음과 같이 해석한다. "원칙적으로 일상적 관심['고려함'에 대한 저자의 번역어]은 중성적인 무기(無記)다. 그러나 우리의 마음이 그런 일상성에 안주함으로써 일상성을 벗어나는 초탈의 자유를 배제하는 유혹에 빠지기 쉽다. 그래서 우리가 말하는 본래적 실존은 우리로 하여금 초탈의 지평에서 일상성의 일과 그 대상을 보도록 한다."[28] 요컨대 본래적인 현존재는 결의성이라는 탁월한 지평을 개시한 가운데 그 지평 내에서 일상적인 행위들이 전개되게끔 한다는 것이다.

1.2.3. "학문의 근원"

한 가지 전거는 학문에 대한 하이데거의 분석과 관련하여 획득된다. 후기로 갈수록 하이데거는 점점 더 학문(Wissenschaft, 과학)에 대하여 비판적인 태도를 취하지만 초기만 하더라도 학문에 대해서 열린 태도를 취하고 있었다. 여기서 이야기하고자 하는 핵심은 학문의 본래적인 수행은 본래적인 실존에게서 이루어진다는 것이다. 그런데 만일 본래성이 단지 순간적으로 이루어지는 것이라면 '본래적인 실존에게서 학문이 본래적으로 수행된다'는 말은 참으로 이해하기 어려운 말이 되고 만다. 학문이란 본디 순간

---

28) 김형효, 『하이데거와 마음의 철학』, 수원: 청계, 2000, 331쪽 참조.

적인 충동이나 도취에 의해서 이루어지는 것도 아닐진대 어떻게 순간적으로 일어나는 본래성의 상태에서 학문을 수행한다는 말인가? 여기에서도 『존재와 시간』의 한 구절을 인용할 것인데 그전에 우선 하이데거의 진리개념에 대해 간략하게 살펴볼 필요가 있다.

하이데거에게 진리란 알레테이아($\dot{\alpha}\lambda\dot{\eta}\theta\epsilon\iota\alpha$), 즉 비은닉성(Unverborgenheit)이다. 이는 또다시 일상의 통념과는 도무지 들어맞지 않는 일이다. 도대체 왜 하이데거는 이토록 요상하게 진리를 규정하는가를 충분히 해명하기 위해서는 아마도 상당히 많은 별도의 고찰이 요구될 것이다. 우선 간략하게만 살펴보자. 하이데거가 주창하는 비은닉성으로서의 진리는 진리대응설에서 말하는 올바름 혹은 일치로서의 진리, 즉 지성과 사물의 합치로서의 진리의 근원에 해당된다. 가령 여기에 붉은 책이 놓여 있다고 해 보자. 그때 "이 책을 붉다."는 나의 발언은 하나의 진리이다. 이때의 '진리'는 나의 지성적 판단과 외부의 사물의 사태가 합치한다는 점에서의 진리, 즉 일치로서의 진리에 해당한다. 그런데 어떠한 사물과 그에 대한 나의 표상적 사유 혹은 판단이 일치하기 위해서는 그러한 사물이 나에게 먼저 발견되어 있어야만 한다. 즉 그 책에서 붉음이 나에게 먼저 발견되어 있어야만 한다. 현존재가 어떠한 사물을 발견하는 방식으로 존재하고 있다는 사실이 일치로서의 진리를 가능하게 해

주는 근원적인 현상이다. 그런 점에서 진리의 근원은 현존재의 존재방식에 귀속된다. 무릇 현존재의 '현(da)'은 곧 개시성이고 그렇게 현존재가 세계를 개시하는 방식으로 실존하기 때문에 그 안에서 이런저런 사물들이 발견될 수도 있는 것이다.[29]

따라서 이러한 비은닉성이라는 의미에서의 진리의 시각에서 보건대, 개시성 자체로서 현존재는 이미 "'진리 안에' 있다."고 말할 수 있다(SZ 221). 물론 '현존재가 진리 안에 있다'고 해서 현존재가 올바른 판단만 내린다는 것은 결코 아니다. 현존재가 진리 안에 있다는 하이데거의 표현은 올바름으로서의 진리를 가능하게 하는 근원이 현존재의 개시적 존재방식에 있다는 점만을 보여줄 따름이다.

이제 본격적으로 학문에 대한 논의로 들어가 보자. 본래적인 학문은 세계 – 개시자 및 존재자의 발견자라는 의미에서 '진리 – 안에 – 있는 – 자'로서의 현존재가 첫째, 특정 분야의 존재자로부터 근원적인 존재이해를 탈취하고 둘째, 그것을 명제적 진리들로 정립하여 그것들을 추론의 방식으로

---

29) 여기서 발견(Entdecken)이라는 표현 역시 하이데거의 전문용어이다. 여기서 두 가지 점을 주의할 필요가 있다. 우선, 현존재가 개시성이며 또한 세계 – 개시성이자 자기 – 개시성이라고 앞서 이야기했을 때 '개시(Erschließen)'라는 전문용어와 지금의 '발견'이라는 전문용어 모두 현존재라는 주체가 무언가를 개시하고 발견하는 것이라고 생각되지만 또한 동시에 그것이 스스로를 내보인다(sich zeigen)는 의미가 함께 놓여 있다. 또한, '개시'라는 용어는 주로 세계와, '발견'이라는 용어는 세계의 내부에 자리하고 있는 다양한 사물들과 도구들에 관련되는 식으로 각기 상이한 쓰임새를 갖는다.

연계시킴으로써 성립한다. 따라서 학문 수행에 있어 일차적으로 요구되는 일은 위장이나 은폐 없이 존재자로부터 근원적인 존재이해를 탈취해 내는 것이다. 위장과 은폐는 잡담, 호기심, 애매성에 의해 지배되는 '세상 사람들'의 존재방식의 소산이다. 따라서 학문에 있어서의 위장과 은폐란 특정 학문의 연구자 집단 내에서 오늘날 통용되고 있는 해석, 공공적으로 전달되고 답습되는 해석30)에만 몰두함으로써 사태 자체가 근원적으로 드러내는 바를 천착하고자 하지 않을 때 발생한다. 그러나 결의한 학문적 실존이라고 해서 학문세계에서 일반적으로 통용되는 해석을 전면적으로 거부한다는 것은 결코 아니다. 그 역시 한편으로는 이러한 공공적 해석에 의존하는 가운데 '눈앞의 것의 발견되어 있음'을 기대한다. 다만 본래적 실존은 공공적 해석의 관점에 붙잡힌 채로 탐구 대상을 그러한 관점의 틀 속으로 끼워 맞추려 하지 않고, 자신이 현재화하는 대상이 스스로를 드러내는 모습 자체에 천착하면서 그것과 부합하지 않는 어

---

30) 이와 같이 연구자 집단 내에서 당대 통용되는 일반적 해석양식을 토마스 쿤(Thomas Khun)식으로 말하자면, 현재 통용되는 정상과학의 패러다임이 될 것이다. 학문에 대한 시각에 있어서 하이데거와 쿤에 대한 비교 연구는 Hubert L. Dreyfus, *Being-in-the-World-A Commentary on Heidegger's Being and Time, Division I, MA: The MIT, 1991, 202, 3, 277, 8쪽* 및 *John Haugeland, "Truth and Finitude: Heidegger's Transcendence Existentialism", Heidegger, Authenticity, and Modernity-Essays in Honor of Hubert L. Dreyfus, Vol 1.,* edited by Mark A. Wrathall & Jeff Malpas, MA: The MIT, 2000, 63, 4쪽 참조.

떠한 공공적 해석도 과감히 내던질 준비가 되어 있는 자이다. 이것이 학문적 실존에 있어서의 '죽음으로의 선구'가 갖는 의미이다. 현존재가 죽음으로 선구할 때 그는 "그때마다 도달된 실존에의 고착(Versteifung)을 깨부[수지만]"(SZ 264) 그와 더불어 그는 "고유한 자기 자신에 대한 실존의 성실함(Treue)"을 지닌다(SZ 391). 본래적인 학문적 현존재는 언제든지 자신이 속해 있는 집단의 학문적 해석양식을 철회할 대비를 하지만, 그렇다고 무작정 그것을 거부하는 것은 결코 아니다. 다소 복잡하게 논의가 전개되었으나 어쨌든 이러한 맥락에서 하이데거는 학문의 근원이 본래적인 실존에게 있음을 밝히고 있다.

세계 내부적인 눈앞의 것[사물] 곁에 객관화하며 있음은 **탁월한 현재화**의 성격을 가진다. 이 현재화가 둘러봄의 현재와 특히 구별되는 점은 해당 학문의 발견이 [공공적 해석방식에 얽매이지 않고서] 오로지 사물적 존재자의 발견되어 있음만을 기대한다는 데에 있다. **발견되어 있음의 이러한 기대는 실존적으로 현존재의 결의성에 근거하**고 있는데, 현존재는 이 결의성을 통해서 자신을 '진리'[명제적 진리] 안에 있을−수−있음으로 기획 투사한다. 이러한 기획투사가 가능한 것은 진리 안에 있음이 현존재의 실존규정을 이루고 있기 때문이다. **본래적 실존에서의 학문의 근원을** 여기서는 더 이상 추적할 수 없다(SZ 363, 강조 및 [ ]는 필자가 함).

하이데거가 '본래적 실존에서의 학문의 근원'을 더 이상 추적하지 않는다는 점은 대단히 안타까운 일이다. 하지만

우리는 아마도 그가 의도하였던 바를 대략적으로나마 추정
해 볼 수 있다. 여기에서는 하이데거 자신이 추구하였던 현
상학을 한 예로 삼아 현상학에서 본래성이 어째서 요청되
는가를 설명함으로써 ‘본래적 실존에서의 학문의 근원’에
대한 추적을 불충분하나마 시도하고자 한다.

‘현존재(Dasein)’라는 명칭의 ‘현(da)’은 현상 일반, 즉 존
재자 및 존재자의 존재구조가 드러나는 장(場)을 지칭한다.
우리가 현(da)에 들어서 있기 때문에 현존재로서 우리는 존
재자를 그 무엇 – 임(Was – sein)과 어떻게 – 임(Wie – sein)에
서 밝혀낼 수 있다. 그렇지만 우리에게 우선적으로 개시되
는 것은 공공적 해석에 따라 은폐와 위장의 방식으로 드러
나며, 그렇게 드러나는 가상은 자신이 가상이라는 사실조차
은닉하기 때문에, 일상적인 현존재로 하여금 가상을 자명한
것으로서 여기도록 오도한다. 그러므로 이와 같은 자명성을
철저하게 깨부수기 위해서는 현상학적 작업의 폭력성이 요
구된다. “이 탐구 분야에서 폭력성이란 자의가 아니라, 사
태에 근거한 필연성이다.”(SZ 327) 그런데 이러한 폭력성은
결의한 실존의 ‘죽음으로의 선구’에서 발휘될 수 있다. 죽
음, 즉 자신의 정체성을 형성해 주던 세계의 붕괴조차도 과
감히 떠맡을 수 있는 용기(Mut)를 지닌 자만이 그동안 안
정적으로 누려오며 자명하다고 여겨왔던 삶의 지반에 폭력
을 가할 수 있다. 이렇게 본래성에서 구현되는 현상학적 탐

구에 대한 가장 적절한 본보기는 하이데거 자신의 현상학적 작업이라 할 수 있다. 현존재의 존재방식인 실존을 사물적 존재방식으로서, 현존재의 개시지평의 한 축인 세계를 존재자의 총체로서 이해하고, '가장 고유한 자기'를 '세상 사람들'로서 대리하고자 하는 일련의 철학자 집단의 공공적 해석에 맞서서, 근원적인 현상을 파헤쳐 드러내고자 하는 실존론적 현상학은 그 작업의 수행자가 직접 실존적으로 결의하여 본래적인 진리 안으로 들어설 때에야 비로소 수행될 수 있다. 하이데거 자신이 스스로를 그러한 결의한 실존으로 간주했음에 대한 흔적들을 우리는 『존재와 시간』의 여러 곳에서 발견할 수 있다. 또한 하이데거는 실존론적 분석론이 해석학적 '반복'의 절차를 밟음으로써 더욱 근원적인 토대를 마련하게 됨을 누차 강조하는데(SZ 3, 17, 26, 51, 304, 333), 이러한 반복은 본래적인 실존의 주요한 계기의 하나로서의 '반복'과 모종의 연관이 있을 것이라 생각된다. 마지막으로 특히 다음의 인용문은 결정적이라 할 수 있다.[31]

---

31) 리처드슨(William J. Richardson) 및 기뇽(Charles Guignon) 역시 유사한 맥락에서 본래성과 현상학의 관계에 대하여 논한다. William J. Richardson, *Through Phenomenology to Thought*, New York: Fordham University, 2003, 191, 2쪽 및 Charles Guignon, "Philosophy abd Authenticity: Heidegger's Search for a Ground for Philosophizing", *The Cambridge Companion to Heidegger*, edited by Charles Guignon, New York: Cambridge University, 1993. 79쪽 참조.

"근원적이고 본래적인 진리[결의성]가 현존재의 존재 및 존재일반의 이해[실존론적 분석론 및 기초존재론]를 보장해야 할 것이다. 실존론적 분석의 존재론적 '진리'[SZ 내의 여러 진술문장들]는 근원적인 실존적 진리[결의성]의 근거 위에서 형성된다."(SZ 316, [ ]는 필자가 함)

다소 긴 지면을 통해서 학문과 본래성의 관계를 살펴보았는데 지금의 논의전개에서 짚어내고자 하는 요점은 학문이 본래적인 실존에게서야 비로소 본래적으로 수행된다면 본래성이 일시적으로 전개되는 것으로 상정되기는 어려울 것이라는 사실이다. 본래성이 일시적이라면, 학문과 같은 장기적인 작업을 요구하는 행위와는 도무지 어울리지 않는다. 한발 양보하여 본래성의 일시성을 받아들이면서도 동시에 '본래적 실존에서의 학문의 근원'을 인정할 수 있는 한 가지 가능성을 떠올려본다면 그것은 본래성을 학문적인 탐구를 수행할 때 현존재가 마치 의도적으로 불러낼 수 있는 실존양식인 것처럼 간주하는 것이다. 평소에는 비본래적이다가 학문을 탐구하기 위해서 본래적이기를 의지적으로 선택한다는 식으로 말이다. 그러나 이것은 본래성의 주요한 다른 한 계기인 양심의 특성과 도무지 어울리지 않는다. 차후에 좀 더 해명되겠지만 본래적이기를 선택하라는 양심의 부름은 결코 그와 같이 자의적으로 일으킬 수 있는 성질의 것이 아니기 때문이다.

1.3. 비판 B: 행위로서의 결의, 반복

우리는 이미 어느 정도 충분히 어째서 본래성이 지속적인 것으로 상정되어야만 하는가에 대한 몇 가지 전거들을 확인하였다. 그러나 아직도 미심쩍어할지 모를 독자들을 위해서 본래성을 이루는 결정적 계기의 하나인 '반복'을 '행위로서의 결의'라는 의미로 해석함으로써 본래성의 지속성을 재차 확인하고자 한다.

앞서 한 차례 등장하였지만 먼저 '결의성'이라는 본래성의 탁월한 개시성을 '죽음으로의 선구'라는 결의성의 핵심적인 하나의 계기에 입각하여 해설하고자 한다. 결의성이란 불안을 맞이할 자세를 지니고서 자기 자신을 되찾을 것을 요청하는 양심의 목소리를 경청하는 현존재가 가장 고유한 자기 자신으로 있을–수–있도록 내던져져 있는 상황 속으로 스스로를 기획 투사함이다. 결의성은 죽음을 선구하는 결의성일 때에야 비로소 본래적인 결의성이라 할 수 있다. 왜냐하면 그 누구도 대리할 수 없는 자신의 죽음은 현존재를 철저하게 개별화시키는 동력을 제공하기 때문이다. 그래서 본래적인 현존재의 개시성은 흔히 '선구적 결의성'으로 요약된다. 그러나 중요한 것은 결의성에는 선구만이 아니라 '반복' 개념이 부가될 때, 그 온전한 의미가 파악된다는 것이다. 반복은 선구와는 반대로 피투된 자기 자신으로 되돌아오면서, 그와 더불어 역사적으로 전수되어 온 가능성들을 그것들과의 투쟁 속에서 자신의 것으로서 명료하게 장악함을 뜻한다. 결의성은 그러므로 죽음이라는 극단적 가능성을 향해 앞질러 달려 나가는 것이 전부가 아니다. 그것은 결의성을 드러내주는 **일차적인** 계기이지만 그럼에도 **하나의** 계기일 뿐이다.

반복은 결의성의 또 다른 계기로서 결의성의 현 사실적 측면을 나타낸다. 불안 속에서 현존재는, 존재자 전체가 미끄러져 빠져나가듯 세계의 무의미함이 스스로를 알려오고 공공적인 이해 가능성들이 전면적으로 무너져 내리는 극단적 사태를 체험하지만, 본래적인 현존재는 그대로 불안에 머물러 앉아 있는 것이 아니라 불안이 내보이는 현상을 원초적인 존재 가능성으로서 받아들여 간직한 채로, 다시금 공공의 세계로 진입하여 자신이 처해 있는 역사적인 상황 자체로부터 새로이 자신의 행위 가능성을 길어내는 자이다. 즉 자기 자신으로 되돌아옴으로써 자신의 있어옴(Gewesenheit, 기재성)을 반복한다.

본래성의 주요 계기인 반복이 앞서 살펴본 학문을 비롯하여 여타의 적극적이고도 구체적인 행위로서 해석된다면 본래성의 지속성에 대한 지금의 테제가 더욱 확증될 수 있으리라 생각된다. 먼저 다음의 인용문들을 훑어보자.

- 현존재는 결의하면서 이미 **행위**하고 있다(SZ 300).
- 죽음으로의 존재로 규정된 '양심을 - 가지기를 - 원함'[선구적 결의성] 역시 세계도피적 은둔을 의미하는 것이 아니라 오히려 망상의 여지없이 **'행위'의 결의성**으로 데려온다(SZ 310, [ ]는 필자가 함).

결의성이 갖는 행위 성격은 '반복'으로 인해 분명해진다. **"반복**은 전수된 가능성을 명시적으로 수행하고 보존하는 **결의성의 행위**이다."[32] '반복'에 대해서는 이후에 본래성에 대한 본격적인 해명의 자리에서 충분히 해설될 예정이나 우선적으로 최소한의 설명이 필요할 것 같다. 반복은 본래적인 현존재의 한 구성요건으로서 다른 한 구성요건인 죽음으로의 선구에 대응하는 짝이라고 여겨질 수 있다. 반복이란 자기 자신이 처해 있는 역사 속의 상황에서 스스로 수행해야 할 바를 역사적으로 전수되어 온 가능성들로부터 선택하여 되살려내는 행위, 특정한 현 사실적 가능성을 결의하는 행위이다.

본래적인 현존재는 두 손 놓고 멍하니 결의하고 있는 것도, 그저 죽음에 대한 상념에만 빠져 있는 것도 아니다. 양심의 부름에 따라 결의하고 가장 고유한 가능성으로 선구하면서, 그것으로 그치는 것이 아니라, 동시에 공공성에 매

---

32) Thomas Sheehan & Corinne Painter, Thomas Sheehan and Corinne Painter, "Choosing one's Fate: A Re - reading of Sein und Zeit ∫ 74", *Research in Phenomenology*, XXVIII, 1999, 13쪽 참조. 강조는 필자가 함.

몰되지 않고 고유한 상황으로부터 역사적으로 전수되어 온 가능성들로부터 자신의 현 사실적 가능성을 되찾아낼 때에만, 즉 결의성의 행위로서의 반복이 이루어질 때에만 비로소 본래적으로 실존하는 것이라고 말할 수 있다. 현존재의 본래성은 생생한 삶의 다양한 구체적인 행위들로 이루어지는 것이다. 하이데거가 염두에 두었던 대표적인 본래적인 행위로서는 시작(詩作), 사유, 예술, 건축, 정치, 학문 등이 거론될 수 있을 것이다.[33] 그러나 물론 그러한 행위들만이 본래적인 현존재가 수행할 수 있는 가능성들이라고 예단한다면 이는 오산일 것이다. 왜냐하면 본래적인 현존재의 행위 가능성은, 차후 확인될 것인바, 오직 그가 처하여 있는 상황 자체로부터만 구해질 수 있기 때문이다.

---

33) EM에서 하이데거는 "시적인 말함, 사유가적인 기획, 건축적 건설, 국가창조적 행위 등의 폭력행위는, 인간이 지닌 능력의 발휘가 아니라, 바로 그것에 힘입어 존재자가 그 자체로서 개시되고 인간이 그러한 존재자 속으로 밀쳐들게 되는 그런 폭력을 제어하고 섭리하는 것(Bändigen und Fügen)"이라고 말한다. 166쪽 참조. 후기 하이데거의 입장에서 현존재의 이러한 존재성격에 대하여 김종두는 이렇게 말한다. "존재는…… 존재의 진리의 처소인 현존재를 매개체로 하여 현존재의 능동적이며 독창적인 세계기투 또는 세계형성작업을 통해 자신을 세계라는 구체적인 모습으로 드러낸다. ……특히 위대한 예술가들, 시인들, 사상가들, 정치인들의 독창적인 정신활동을 빌려서 퓌지스는…… 자신을 구체화하고 외화한다." 김종두, 『하이데거에 있어서 존재와 현존재』, 서울: 서광사, 2000, 71쪽 참조. 화이트(Carol J. White)는 명시적으로 이와 같이 존재자를 그 자체로서 개시하는 폭력행위자를 '본래적인 현존재'로 명명한다. Carol J. White, *Time and Death – Heidegger's Analysis of Finitude*, Aldershot: Ashgate, 2005, 113, 123쪽 참조.

2. 퇴락과 본래성의 양립을 거부하나 본래성의 지속성을 인정하는 입장

2.1. 입장의 재구성

지금까지 우리는 퇴락과 비본래성을 동일시하면서도 퇴락의 흡사 필연적 성격을 인정함에 따라 본래성을 단지 순간적으로만 구현될 수 있는 사태로 간주하는 입장을 살펴보았고, 또한 그에 대하여 본래성의 지속성이 인정되어야만 할 몇 가지 근거들을 제시함으로써 그러한 입장을 논박하였다. 그런데 이러한 첫째 입장과 마찬가지로 퇴락과 비본래성을 동일시하면서도 본래성의 지속성을 인정하는 입장이 있을 수 있다. 그러나 이러한 둘째 입장은 퇴락의 '선험적 구조'로서의 성격을 받아들일 수가 없을 것이다. 왜냐하면 이를 받아들인다면 현존재는 항상 혹은 첫째 입장에서와 같이 매우 이따금씩의 드문 순간만을 제외하고는, 비본래적으로 실존할 수밖에 없을 것이기 때문이다. 여기에서는 바로 이러한 둘째 입장, 즉 퇴락과 비본래성을 동일시하지만 그것의 구조적 필연적 성격을 부인함으로써 본래성의 지속성을 인정하는 입장을 다룰 것이다. 우리는 그러한 입장의 대표자로서 헤르만(Friedrich Wilhelm von Herrman)을

들고자 한다. 그는 본래성의 지속성을 인정하는 듯하면서도
본래성에 퇴락을 결부시키기를 단호히 거부한다. 이는 아래
의 인용문으로부터 확인될 수 있다.

> 현존재가 '세계'에 퇴락해 – 있음으로부터 자신의 본래적인 자기로
> – 있음으로…… 되돌아온다면, **다시금 자신의 '세계'에 퇴락하더라**
> **도 현존재는 더 이상 퇴락하여 실존하는 것이 아니라 본래적으로**
> **실존하는 것**이다.[34](SD 213. 강조는 필자가 함)

이 인용문에 대해서는 이후에 다시 이야기를 꺼낼 기회
가 있을 것이다. 이하에서는 먼저 지금의 논지전개의 시각
에 따라 퇴락, 본래성, 비본래성 등의 상관관계에 대한 헤
르만의 입장을 충실히 재구성해 보고자 한다. 그의 해석은
실로 놀랍도록 정밀하고 섬세하다. 그러나 그럼에도 근본적
인 난점이 발견된다. 따라서 우선 그의 해석에 대해 엄밀한
재구성을 시행하고자 한다. 이때에는 하이데거의 전기 사상
을 이루는 주요한 개념들에 대한 설명들이 함께 이루어지
게 될 것이다. 그런 연후에 그의 입장 혹은 둘째 입장 자
체에서 발견되는 난점을 몇 가지 지적하고자 한다.

---

34) Herrman, Friedrich Wilhelm von, *Subjekt und Dasein*, Frankfurt a.M. :
   Vittorio Klostermann, 2004, 213쪽 참조. 이하 'SD'로 악기.

2.1.1. 곁에 있음과 퇴락의 구별

하이데거는 『존재와 시간』에서 현존재의 존재기반을 시간성으로서 규명해 낸다. 시간성은 과거, 현재, 미래라는 시간의 세 계기들이 현존재의 존재를 지탱시켜 주는 통일적 지평이라고 할 수 있다. 현존재의 본질은 실존이라고 앞서 이야기하였다. 또한 실존은 끊임없이 자기 자신을 앞질러 나가는 자라고 이야기하였다. 그런데 그렇게 자신을 앞질러 나가는 추동력의 원천은 현존재의 존재 자체가 그때마다 다시 자신에게로 '도래'하기 때문이다. 또한 현존재는 그렇게 그때마다 자신에게로 도래하면서 자신의 과거를 내버리는 것이 아니라 있어왔던, 즉 '기재(旣在)'하였던 자기로 되돌아간다. 마지막으로 현존재는 그렇게 도래하면서 기재하는 방식으로 또한 그때마다 마주하는 존재자를 '현재화'하면서 도구적 존재자든 사물적 존재자이든 타인이든 그것들과 교섭하는 것이다. 도래, 기재, 현재화, 이것들이 현존재의 존재를 지탱하는 통일적 지평인 시간성을 근원적으로 이루는 세 탈자태(Extase)이다.[35] 그런데 현존재의 실

---

35) 현존재의 존재의미인 시간성은 그 자체 탈자(脫自)적인 성격을 지닌다. "도래, 기재, 현재는 '자기를 향해', '…… 에로 돌아와', '…… 을 만나게 함'의 현상적 성격들을 가리킨다. '……을 향해', '……에로', '……곁에'라는 현상들은 시간성을 단적으로 ἐκστατικόν으로서 드러낸다. 시간성은 근원적으로 '자기 − 밖에' 그 자체이다. 그리하여 우리는 도래, 기재, 현재라고 성격 지은 현상들을 시간성의 탈자태라고 부른다."(SZ 328, 9)

존양태인 본래성과 비본래성 역시도 바로 이러한 시간성이
어떠한 방식으로 시숙(時熟)하는가에 따라서, 즉 그것이 본
래적으로 시숙하는가, 비본래적으로 시숙하는가에 따라서
규정된다. 그리고 본래적인 시간성을 이루는 세 탈자태는
'선구', '순간', '반복'이라 불리고 반면 비본래적인 시간성
을 이루는 세 탈자태는 '기대' 혹은 '예기', '현재화', '망
각' 혹은 '간직' 혹은 '기억'이라 불린다. 이에 대한 상세한
논의는 『존재와 시간』 제68절을 직접 확인하는 것이 좋을
것이고 여기에서는 그저 다음의 도식을 훑어보는 것만으로
도 충분할 성싶다.

근원적인 시간성	본래적인 시간성	비본래적인 시간성
도래 [미래]	선구	기대(예기)
현재화 [현재]	순간	현재화
기재 [과거]	반복	망각(간직, 기억)

이제 간략한 배경설명을 마치고 헤르만의 입장을 재구성
해 보자. 여기서 다시 앞서 등장하였던 푀겔러가 재출현한
다. 왜냐하면 헤르만은 자신의 논의를 바로 푀겔러의 해석
에 대한 비판으로부터 출발하기 때문이다. 여기에서 우리는
동시에 왜 푀겔러가 본래성이 단지 순간적으로만 구현되며
그때마다 비본래성으로부터 되찾아야만 하는 상태로 이해
할 수밖에 없었는지도 확인할 수 있다.

퍼겔러는 하이데거의 실존론적 분석론에서 본래적인 시간성의 '순간(Augenblick)'이 대단히 공허한 개념에 불과함을 다음과 같이 지적한다. "순간은 **카이로스**이며 칼의 날처럼 날카롭다. 이러한 날은 너무나 날카로워서 그 날 위에는 어떠한 '내용'도 자리하지 못한다. ……순간은 무이다."[36) 즉 본래적인 현존재의 현재에 해당하는 순간이라는 탈자태가 지나치게 무내용적이라는 것이다. 이는 퍼겔러가 본래성을 불안에서 드러나는 존재자 전체의 무의미성의 현현을 접하는 순간 정도로 이해하고 있는 데에 기인하는 비판이다. 헤르만은 퍼겔러의 이러한 순간 개념 비판에 대하여 철저하고도 엄밀한 재비판을 가한다. 그는 퍼겔러의 이와 같이 잘못된 비판은 현존재의 존재구조의 '형식적이자 무차별적인' 통일성인 '우려(Sorge)'에다가 '곁에 – 있음(Sein – bei)'이 아닌 퇴락을 편입시키는 과오로부터 비롯된다고 지적한다. 이는 곧 퍼겔러의 잘못된 해석이 퇴락에 구조적 지위를 부여한 데 기인하는 것이라는 말이다. 우려와 그에 속하는 곁에 – 있음에 대하여 다시 잠시 설명해야 할 것 같다.

우려는 본래적인 현존재에게든, 비본래적 현존재에게든 관계없이 적용되는 현존재의 기초적인 존재구조이다.[37) 『존

---

36) DM 209, 210쪽 참조.

37) 우려는 무언가에 대하여 심각하게 걱정하는 심적 상태와는 관계가 없다. 우려는 순전한 존재론적 명칭으로서 쾌활하거나 희망에 차 있거나 등의 심적 상태와는 무관하다. 우리는 존재론적으로 늘 우려이다. '우려'라는 명칭은 앞서 해설하였던

재와 시간』의 제41절에 따르면, 그리고 푀겔러를 포함한 대다수의 연구자들의 일반적인 해석에 따르면, 우려는 현존 재의 세 구성요소인 '실존성(Existenzialität)', '현 사실성 (Faktizität)', '퇴락(Verfallen)'의 통일성을 가리킨다. **실존성** 은 자신을 특정한 가능성으로 기획 투사함에 상응하며, 현 존재의 본질로서 제시되었던 실존의 성격인 '자기를−앞질 러−있음'의 성격을 갖는다. **현 사실성**은 특정한 정황 내에 서 피투되어 있는 자로서 자기 자신을 발견하게 된다는 현 존재의 근본적인 사실을 가리키며, '이미−하나의−세계− 안에−있음'의 성격을 갖는다. **퇴락**은 고려되는 세계 속에 몰입하여 세계 내부적인 존재자 '곁에−있음'의 성격을 갖 는다. 우려의 세 구성요소들은 각기 시간성의 세 탈자태들 에 각각 근거를 두고 있다. 즉 실존성은 도래에, 현 사실성 은 기재에, 곁에−퇴락하여−있음은 현재에 근거를 둔다.

	우려	근원적인 시간성
실존성 / 기획투사	자기를 − 앞질러 − 있음	도래
현 사실성 / 피투성	이미 − 하나의 − 세계 − 안에 − 있음	기재
퇴락	세계 내부적인 존재자 곁에 − 있음	현재화

결론부터 이야기하자면 헤르만은 이러한 일반적인 해석

실존 규정. 즉 자신의 존재가 자신에게 늘 문제가 된다는 실존에 대한 규정과 일맥상통하는 것이다. SZ 192 참조.

을 따르지 않는다. 그는 본래성과 비본래성이라는 두 실존 양태와 무관하게 현존재의 존재구조를 규정하는 우려의 세 번째 계기에 퇴락을 편입시키지 않는다. 또한 그는 푀겔러가 이와 같이 퇴락을 현존재의 존재구조인 우려의 한 계기로서 인정하는 '과오'를 범하기 때문에 현존재의 본래성의 현재에 해당하는 탈자태인 순간이 퇴락을 밀치고 들어설 때에는 단지 '무'밖에 만나지 못한다는 식의 비판에 다다르게 되었다고 보는 것이다.

먼저 푀겔러의 하이데거 비판을 재구성해 보자. 푀겔러는 하이데거가 퇴락을 우려라는 현존재의 근본구조에 결부시키기 때문에 퇴락을 실존양태와 무관하게 현재라는 시간성의 탈자태에 귀속시키는 결과를 낳고 그로 인해 "현재는 오직 그 비본래성에 따라서만 기능"하게 된다고 비판한다(DM, 210). 다시 말해서 퇴락을 우려의 세 번째 계기로서 받아들인다면, 그리고 우려의 세 번째 계기가 시간성의 탈자태의 하나인 현재에 의해 지탱되는 것인 이상, 현존재는 본래적인 현재인 순간을 가질 수가 없다. 그렇기 때문에 하이데거가 다른 본래적인 시간성의 탈자태인 선구나 반복에 비하여 순간을 그렇게 부실하게 언급할 수밖에 없었다는 것이다.[38] 비록 하이데거가 순간을 상황(Situation)과 통일시

킴으로써 순간에 '내용'을 채우고자 하지만, 오히려 "순간과 상황의 통일성은, 상황적으로 만나는 것을 통하여 순간의 본래성에서부터 비본래적인 내몰림으로 추락하는 것[퇴락]으로서 생각될 수 있을 뿐이다."(DM, 210, [ ]는 필자가 함) 다시 말해서 상황과의 대면은 '무'와의 대면으로부터 빠져나와 퇴락에 이르는 것일 뿐이라는 것이다.

헤르만은 퇴락을 피투성 및 기획투사와 나란히 우려의 계기로 거론하는 통상적 해석에 반대한다. 헤르만은 푀겔러를 필두로 몇몇 연구가들을 이러한 해석에 직접 귀속시킨다. 헤르만의 핵심적 논점은 현재의 지평에 근거를 둔 우려의 세 번째 계기는 퇴락이 아니라 단지 곁에 – 있음으로 해석되어야 한다는 것이다. "푀겔러가 주장하듯, 현존재의 세 번째 근본구조는 퇴락이 아니라, 고려하는 곁에 – 있음이라는 실존범주다."(SD 209) 헤르만은 사태를 보지 않고 문자에만 매달릴 경우에는 그러한 오해가 충분히 생길 수 있음을 인정하지만 – 다음과 같은 문장이 특히 오해를 유발할 것이다. "세계 – 내에 – 이미 – 자신을 – 앞질러 – 있음에는 세계 내부적으로 고려된 도구적 존재자 곁에 **퇴락해** 있는 이러한 있음이 본질적으로 함께 포함되어 있다."(SZ 192, 강

죽음에의 선구. 결의성에 의해서 풍부하게 규정되고, 기재의 탈자태가 현 사실성, 피투성, 책임, 반복에 의해서 규정되는 데 반하여, 현재는 – 적어도 순간으로서의 현재의 본래성은 – 공허하다." DM 210쪽 참조.

조는 필자가 함)-그러한 오해는 근본적으로 문맥에 대한 잘못된 파악 및 사태 자체에 대한 직접적인 이해의 부족에 기인한다고 본다.

이제 또 '곁에-있음(Sein-bei)'에 대해서 잠시 설명해야 할 것 같다. '곁에-있음'은 현존재의 존재구성틀, 즉 세계-내-존재의 핵심 요소인 '내-존재(In-Sein)'라는 것에 기초해 있다. 실존론적 분석론의 서두에서 곁에-있음과 내-존재의 관계가 밝혀진다. "세계 '곁에 있음'은, 세계에의 몰입이라는 더욱 자세히 해석되어야 할 의미에서, 내-존재에 기초해 있는 실존범주의 하나이다."(SZ 54) 곁에 있음에서 강조되는 것은 세계-내-존재로서의 현존재의 존재자적인 존재연관이다. 본질적으로 세계 내부적 존재자 곁에-있는 현존재는 이런저런 존재자들과의 끊임없는 교섭 속에서 그러한 존재자들을 각각의 쓰임새에 맞추어 사용하고 다루고 제작하면서 실존한다. 그런 식으로 곁에-있는 현존재가 교섭하는 세계에 대한 관계가 곧 고려(Besorgen)이기도 하다. 그러므로 곁에-있는 고려는 '관여', '제작', '경작', '관철' 등과 같은 적극적인 행위방식들뿐만 아니라 '캐물음', '고찰', '규정' 등의 이론적인 인식 및 '휴식', '체념'과 같은 결여적 양태들까지도 모두 포괄하는 실존범주이다 (SZ 56, 7). 헤르만의 해석에 따르자면, 곁에-있음은 "세계 내에서 고려하며 거주한다."는 특성을 가지며, 다시금 "친밀한 세계 곁에 고려하며 있음은” “‘사용하게 하며’ ‘자유롭게 하며’ ‘발견하는’ 탈자적인 특성”을 갖는다(SD 210).

헤르만은 퇴락이 아니라 바로 곁에-있음이 실존양태와 무관하게 현존재에게 귀속되어야만 할 근본적 구조에 해당한다고 주장하며, 고려하는 곁에-있음은, 현상학적으로 보자면, 존재자들이 발견되어 있음(Entdecktheit, Entdecktsein) 및 현존재가 그것들을 발견하면서 있음(Entdeckendsein)에 근거하고 있다고 말한다. 따라서 곁에-있음이 내-존재에 기초하여 있다는 사실은, 현상학적-존재론적으로 볼 때, 발견되어 있음이 개시되어 있음(Erschloßenheit, 개시성)을 전제해야만 한다는 사실을 가리킨다는 것이다.[39] “존재자가 쓰임새에 따라 규정되어 발견되어 있는(개방성) 데에서 존재자를 발견함은 존재론적-실존론적으로 세계의 개시성을 전제한다.”(SD 210) 세계 내부적 존재자를 발견하면서 곁에-있음은 그러한 발견을 가능하게 하는 전체적 지평으로서의 세계가 그에 앞서 개시되어 있을 때 가능하다. ‘세계를 이해함’으로서의 세계기획투사는 그 세계 안에서 발견되는 존재자들의 ‘발견되어 있음’보다 선행적으로 현존재에 의해 수행된다. 개별적 도구 존재자들의 쓰임새가 발견되기 이전에 쓰임새의 전체로서의 세계가 개시되어 있어야만 한다. 그럼에도 세계 내부적 존재자의 발견되어 있음(곁

에-있음)과 세계의 개시되어 있음(정황성[Befindlichkeit] 및 이해[Verstehen])은 동근원적이라고도 말할 수 있다.[40) 현존재는 고려되는 도구들 및 사물들과 관계 맺음 속에서 존재자들을 발견하면서 존재하는 한, 특정한 정황 속에 피투되어 있는 가운데(정황성) 자신의 세계를 기획 투사하는 방식으로(이해) 이미 세계를 개시하면서 존재한다. 또한 역으로, 세계가 현존재에게 개시되어 있는 이상, 현존재는 세계라는 지평으로부터 발견되는 세계 내부적 존재자들 곁에서 이미 고려하고 있다. 발견되어 있음이 개시성을 전제하지만, 그럼에도 개시성이 주어져 있는 한 발견되어 있음이 주어져

---

40) 이해와 정황성에 대하여 잠시 설명해야 할 것 같다. 있을-수-있음이라는 방식으로 존재하는 현존재는 늘 무언가를 이해하면서 실존한다. 여기서 '이해'는 일상적 어법으로 사용되는 뜻과는 조금 구별될 필요가 있다. 일상적인 용례에서 '이해'는 개념적 파악을 수반하는 의식적 작용쯤을 가리킬 것이다. 하지만 존재론적 개념으로서 사용되는 '이해'는 이러한 '이해'에 선행한다. 우리가 아무것도 이해하지 못하고 있다고 생각하는 때에도 존재론적으로는 늘 이미 무언가를 이해하고 있다. 실존범주로서 이해에서 이해되는 것, 즉 이해의 '대상'은 특정한 무엇이 아니라 현존재에게 그때마다 드러나는 존재자 전체이다. 현존재는 실존하면서 끊임없이 자신을 특정한 가능성 속으로 옮겨 넣고 있다. 그렇게 스스로를 기획 투사하면서(entwerfend) 현존재는 일정한 방식으로 세계를 개시하고 있는데 그러한 개시함의 존재방식이 곧 이해이다. 세계개시는 언제나 자기기투와 더불어 일어나기 때문에 이미 또한 자기 자신을 개시한다. 즉 현존재는 자기존재와의 연관 속에서 세계를 개시한다. 그런 점에서 이해에서 이해되는 것에는 세계뿐만 아니라 자기도 귀속된다. 우리가 일상적으로 이런저런 존재자들을 다루면서 살아갈 수 있는 것은, 존재론적으로 보자면, 우리가 선행적으로 그러한 존재자들이 발견될 수 있는 터인 세계를 개시하기 때문에, 즉 세계를 이해하기 때문이다. 그러한 이해는 정황성과 더불어서 가장 기초적인 개시성이다. 한편 정황성이란 현존재가 이 세계에 이미 피투된 채로 자신을 특정한 정황 속에서 발견할 수밖에 없다는 현 사실(Faktum)을 가리킨다. 피투적 정황성은 유한한 인간으로서 도저히 극복할 수 있는 성질의 것이 아니니, 인간 현존재인 이상 필연적으로 정황 내에 피투되어 있다. 따라서 이해 역시 늘 정황 속의 이해일 수밖에 없다.

있지 않을 수 없다는 점에서 양자는 등근원적이다. 현존재의 온전한 존재구조인 우려는 바로 이와 같이 두 가지 대별되는 짝으로 즉 **존재자적 층위**와 **존재론적 층위**, 다시 말해서 **발견되어 있음(Entdecktheit)**과 **개시되어 있음(Erschloßenheit)**, 또는 **곁에-있음과 정황성 및 이해**로 이루어져 있다.

결국 헤르만의 입장은 다음과 같이 재구성될 수 있다. 곁에-있음이 현존재의 존재구조인 우려의 한 계기인 반면, 퇴락은 현존재의 두 근본양태인 본래성과 비본래성 가운데 후자에만 통용되는 개시성의 방식이다. 퇴락은 이해나 정황성, 말 옆에 나란히 놓일 수 있는 개시성이 아니라, 이해, 정황성, 말과 같이 현존재를 구성하는 개시성의 계기들을 전체적으로 변양시키는 개시성이다.[41] 퇴락은 비본래적 실존에게 전체적으로 영향을 미치는 개시성이다. 반면 선구적 결의성은 정확히 퇴락과는 반대로 본래적인 실존의 구조계기들을 전체적으로 변양시키는 개시성이다. 다시 말해서 그것들이 모두 개시성이라는 이름으로 불리지만 이해, 정황성, 말 그리고 퇴락, 결의성 이 양편은 쓰임새가 상이하다. 하이데거가 우려에 대한 분석에서, 즉 『존재와 시간』 제41절에서 우려의 세 번째 계기

---

41) 하이데거는 주로 이해와 정황성 그리고 말을 개시성으로서 거론한다. 그 밖에도 때에 따라 퇴락, 공공성, 결의성 등을 개시성이라는 이름하에 거론한다.

로서 '곁에-있음'이라기보다는 '퇴락해 있는 곁에-있음"이라고 언급했던 것은 일상성에 대한 분석을 기준으로 우려를 이끌었기 때문이다. 순수하게 형식적이고 무차별적으로 접근하여 우려의 구조를 파악하자면 우려의 세 번째 계기는 퇴락이 아닌 단지 곁에-있음이다. "자기를-앞질러-이미-세계-내에-(세계 내부적 존재자의)-곁에-있음"(SZ 192)이 현존재의 존재의 형식적 구조인 우려이다. 본래적인 현존재는 자신이 처하여 있는 고유한 상황과의 통일적인 순간 속에서 위장 없이, 즉 '엇갈리지 않게(unverstellt)" 존재자들의 곁에 있게 된다(SZ 326). 이때 현존재는 도구들 및 사물들과 본래적으로 고려하고, 또한 공동현존재(Mitdasein)로서의 타인들을 본래적으로 배려하게 된다. 위장과 은폐 속에서 잡담과 호기심, 애매성이 지배하는 세상 사람들의 공공성에 휘감기지 않고 본래적으로 존재자와 존재연관을 맺게 된다. 이것이 하이데거가 의도하던 순간의 진정한 의미이며 이것은 결코 푀겔러가 주장하는 바와는 달리 공허하지 않다.

지금까지 푀겔러의 '순간'의 공허성에 대한 비판 및 그에 대한 헤르만의 재비판을 순서대로 정리해 보았다. 요약하자면 다음과 같다. 푀겔러는 하이데거가 '퇴락하여 곁에-있음'을 우려의 한 계기로서 인정하였다가 다시 또 본래성에 퇴락을 결부시키기를 거부함으로써 — 물론 푀겔러의 비판은 본래성에 퇴락을 결부시키기를 거부했다는 사실이 아니라, 애초에 퇴락을 우려의 계기로서 인정했다는 점에 초점이 놓여 있을 것이다. ― 도래와 기재의 시간성의 탈자태들에 비하여 순간으로서의 현재의 시간성의 탈자태가 '내용'이 없는 공허한 상태에 빠진다고 비판한다. 이에 대하여 헤르만은 푀겔러가 퇴락과 곁에 - 있음을 동일한 것으로 간주해 버림으로써[42] 잘못된 귀결에 이르렀다고 재비판한다. 헤르만에 따르면 퇴락은 단지 비본래적 현존재의 구조계기들을 전체적으로 변양시키는 개시성일 뿐 현존재의 존재구조의 한 계기가 아니다. 즉 퇴락은 단지 하나의 **실존양태**일 뿐이다. 그에 비하여 곁에 - 있음은, 이해 및 정황성이라는 현존재의 기초적인 개시성과 등근원적으로 현존재의 존재를 이루는 세계 내부적 존재자의 발견되어 있음에 상응하는 **실존범주**의 하나로서 현존재의 존재에 실존양태와 무관하게 귀속된다. 그러므로 본래적인 현존재의 시간적 탈자태인 현재, 즉 순간(Augenblick)에 상응하는 존재구조는 퇴락이 아닌 곁에 - 있음이며, 현존재는 순간에서야 비로소 상황 속에서 마주하는 세계 내부적인 존재자와 본래적인 존재연관을 갖게 된다는 것이다.

---

42) "우려의 형식적이며 무차별적인 세 번째 구조계기는 퇴락이 아니라 곁에 - 있음이다. 대부분의 하이데거 해석서에 따르자면 ― 여기에 푀겔러도 속하는데 ― 곁에 - 있음은 퇴락과 동시에 생기기 때문에 이 두 용어는 동일한 사태를 가리킨다는 것이다." SD 207 참조.

2.1.2. 말과 우려 및 말과 시간성의 관계

헤르만의 입장에 대한 비판 이전에 헤르만의 '말(Rede)'
에 대한 해석을 살펴보는 것이 좋을 것 같다. 이를 통해서
푀겔러와 헤르만의 입장 간의 대립각이 명료하게 드러나고,
나아가 지금의 주제에 있어서 첫째 입장과 둘째 입장 간의
대립각 또한 가시화될 수 있으며 최종적으로는 둘째 입장
의 한계 혹은 난점 또한 돌출될 수 있기 때문이다.

푀겔러가 본래적인 현재인 순간이 무내용적이라고 비판
할 때 그 비판에는 실존론적 분석론에서 말이 차지하는 위
상이 불분명하다는 지적이 함께 깔려 있다. 하이데거는 어
느 부분에서는(SZ 제28~34절) 내-존재를 이루는 개시성
으로서 정황성, 이해, 말을 거론하고, 어느 부분에서는(SZ
133, 148, 160) 단지 정황성, 이해만을 제시하며, 또 어느
부분에서는(SZ 192, 221, 231) 정황성, 이해, 퇴락을 언급한
다.[43] 이로 보아 정황성과 이해가 현존재의 존재를 이루는
가장 기초적인 개시성의 범주임은 분명하다. 문제되는 것은
말과 퇴락의 위상이다.[44] 푀겔러는 『존재와 시간』의 후반

---

43) '정황성', '이해'에 대해서는 각주 36 참조.

44) 푀겔러는 이에 대하여 다음과 같이 말한다. "기초분석에서 정황성, 이해, 말은 현
　　존재의 근본구조로서 제시된다. 이 구조들은 그 본래적인 양태에서뿐 아니라, 비
　　본래적인 양태에서도 나타날 수 있다. 분석론이 진전됨에 따라(SZ 231) 갑자기
　　정황성(현 사실성), 이해(실존), 퇴락이 현존재의 구성적인 계기들로서 제시된
　　다."(DM 210)

부에서, 특히 현존재의 근본구조에 따라 시간성을 분석하는 곳인 제64절에서 "퇴락이 밀치고 나와 말을 몰아내버리거나 최소한 밀어낸다."고 본다(DM 210). 그리고 그는 하이데거가 그렇게 할 수밖에 없었던 이유를 "『존재와 시간』에서 공허하게 남아 있는 순간이 아무런 본래적인 말, 다시 말해 아무런 본래적인 분류파악을 허락하지 않았기 때문"이라고 말한다(DM 210). 여기서 푀겔러는 불안에 처하여 이미 주위세계의 세계 내부적 존재자들의 의의연관이, 다시 말해서 각각의 존재자들이 지니는 나름의 의의들의 총체적인 상호연관 자체가 무의미한 것으로 나타나는 사태를 겪은 현존재의 순간에서는, 의의연관으로 이루어지는 이해 가능성에 대한 어떠한 분절도, 즉 어떠한 말[45]도 불가능할 것임을 강조하고 있는 것이다. 말이 본래적인 현존재의 시간성의 현재적 탈자태인 순간에서 불가능해지기 때문에 하이데거가 시간성의 탈자태들과 현존재의 존재구조를 연계시킬 때 도래와 이해를, 기재와 정황성을 각각 연계시키면서 현재의 탈자태에다가는 말이 아닌 퇴락을 연계시키게 되었다는 것이다.

헤르만은 이에 대하여 푀겔러가 다시금 다른 많은 해석자들과 마찬가지로 개시성으로서의 말이 다른 개시성들과 어떠한 관계를 지니는지에 대하여 근본적인 오해를 지니고

있다고 본다. 말의 위상에 대한 헤르만의 분석은 본래성과 퇴락의 관계를 고찰하려는 지금의 연구에 우회적이기는 하나 중요한 단초를 역시 제공하므로 다소 길어지더라도 말의 위상에 대한 헤르만의 분석을 정리해 둘 필요가 있다. 헤르만에 따르면 말은 철저하게 이해 및 정황성과 등근원적이다. 다만 그 등근원적인 방식에 차이가 있을 뿐이다. 내−존재를 개시성이라는 현상으로서 해명하려는 작업인 『존재와 시간』 제5장의 서론격인 제28절에서 하이데거는 "정황성과 이해에서 우리는 현(da)에 존재하기 위한 두 동근원적 구성방식들을 주시한다."고 말한다(SZ 133, SD 202). 또한 "정황성과 이해는 말에 의해서 동근원적으로 규정된다."(SZ 133, SD 202) 및 "말은 정황성과 이해와 더불어 실존론적으로 동근원적이다."는(SZ 161 SD 203) 언급과 같이 정황성과 이해를 한데 묶는 반면 미묘하게 말은 별도로 취급하는 것으로 보아, 정황성과 이해는 서로 동일한 방식으로 동근원적인 데 반하여, "말의 실존범주가 정황성과 이해와는 다른 방식으로 동근원적이라는 사실"(SD 202)을 확인할 수 있다.

현존재의 개시성을 원천적으로 구성하는 것은 정황성과 이해이다. 현존재의 현은 그때마다 존재자 전체에 내던져진 채 현 사실적으로 개시하면서(정황성) 자신의 고유한 가능성을 기획 투사하면서 개시하는(이해) 방식으로 구성된다.

그런데 그러한 정황성과 이해에는 이미 이해 가능성의 분절인 말이 함께 자리하고 있다. "정황적인 개시함에 현 사실적인 말함이 속해 있으며, 이해하는 개시함에 기획 투사하는 말함이 속해 있다."(SD 203) 개시성으로서의 정황성과 이해가 그 자체 이해 가능성을 분절한다. 현존재가 정황적인 이해 속에서 스스로를 개시할 때, 그 현존재는 그와 더불어 이해 가능성을 분절하며, 즉 말함으로써 스스로를 개시한다. 말의 이와 같은 근원성은 말이 발화나 진술 이전의 차원에 놓여 있는 개시성임을 상기한다면 올바르게 이해될 수 있을 것이다.46) 즉 하이데거가 개시성으로서 거론하는 실존범주로서의 말은 단지 발화나 진술 등의 언표활동이 아니라 오히려 그것이 이루어지기 위한 조건으로서 그때마다 주어진 정황 내에서 이해 가능성을 길어내는 활동이다. 또한 헤르만은 '말의 실존범주가' '정황성과 이해의 실존범주들을 규정할 뿐만 아니라' '고려하는 곁에 있음과 고려된 존재자의 발견되어 있음'까지도 규정함을 지적하고 있다(SD 211).

말이 지닌 상이한 방식의 등근원성을 고려한다면, 왜 우려의 구성요건으로서 말이 거론되지 않았는가, 그리고 왜 시간성의 한 탈자태와 말이 연결될 수 없었는가47)에 대한

---

46) "말은 해석과 진술의 근저에 이미 놓여 있다."(SZ 161)

47) SZ 제64절 d) 참조. 특히 다음의 인용문을 주목할 것. "이해와 정황성 그리고 퇴락에 의해서 구성된 현의 완전한 개시성은 말에 의해서 분절된다. 그러므로 말은 본래 하나의 특정한 탈자태 속에서 시숙하는 것이 아니다."(SZ 349, SD 219, 20)

푀겔러의 문제제기는 확실히 헤르만의 지적과 같이 말에 대한 잘못된 이해로부터 발생하는 것 같다. 그러한 사실에 대한 지적이 실존론적 분석론 내에서의 말의 위상에 대한 헤르만의 분석의 핵심이다. 말이 우려의 한 계기로서 다루어질 수 없었던 이유는 말은 그 자체 현존재의 존재의 구조계기 전체를 분절하면서 포괄하기 때문이다. 마찬가지로 말이 특정한 시간적 탈자태인 현재에 귀속하지 않은 이유는, 푀겔러가 생각했던 것과는 달리, 순간이 무내용적이기 때문이 아니라, 말은 이해나 정황성, 곁에-있음 등과는 달리 특정한 시간적 탈자태에서 시숙하지 않고 탈자적 통일성으로서의 시간성 전체와 관계하기 때문이다.

2.2. 부수적 문제제기: 불안과 무 그리고 허무에 대하여

헤르만은 '순간'의 공허성에 대한 푀겔러의 전기 하이데거 비판을 재비판한다. 헤르만의 재비판은 현존재의 존재구조 및 개시성에 대한 탁월한 분석을 바탕으로 치밀하게 전개되었으나 우선 푀겔러의 비판의도를 정확하게 포착하지는 않았던 것 같다. 둘째 입장의 대표자인 헤르만의 입장을 비판하기에 앞서서 여기에서는 잠시 한 가지 사항을 짚고 넘어가고자 한다. 즉 우리는 푀겔러의 비판의도를 명확히 확인함으로써 푀겔러가 제기했던 문제의 심층에 놓인 본원적 문제를 들추어내 이를 향후에 해결해야 할 주요한 과제로 삼고자 한다.

푀겔러가 '순간'이 내용을 가지지 못하다고 지적할 때 그 핵심은 『존재와 시간』을 작성할 무렵의 하이데거의 사유가 아직 무에 대한 사유를 넘어선 존재자체로의 이행을 완수하지 못했다는 데 놓여 있다. '순간이 무'인 이유는 의의연관으로서의 세계가 철저히 무의미하고 무근거한 것으로서 밝혀지는 불안현상을 겪은 본래적인 현존재에게서는 "단순한 주위세계적인 것[의의연관]에 의한 충족이 거부되지 않을 수 없기 때문"이다(DM 209, [ ]는 필자가 함). 푀겔러는 불안이라는 근본적 정황성에서 현존재는 세계 내부적 존재자들의 의의연관이 총체적으로 무의미한 것으로 드러나는 사태를 경험하는데 어떻게 본래적인 현존재가 유의미하게 세계 내부적 존재자와 고려하며 관계 맺을 수 있겠는가를 문제 삼는 것이다. 실존론적 분석론을 탐구하던 하이데거의 존재사유에서 순간(Augenblick)이 드러내는 사태는 '단적인 있음(ein nacktes Daß)'으로서의 '무'이지 아직 "그때마다 각기 다르게 경험되는 존재자체의 너울"이 아니라는 것이다(DM 211). 푀겔러의 지적이 본래 시사하는 바는 하이데거의 전기사유에서는 아직 불안에서의 무의 드러남이 존재자체의 현성함으로 이해되지 못하고 있기 때문에, 본래적인 현존재의 현재인 순간이 공허하게 되어 버린다는 것이다.

헤르만은 이러한 맥락을 전적으로 도외시한 채, 전혀 다른 시각에서 순간 개념에 접근함으로써 퇴겔러의 문제제기를 일소하고자 했다. 헤르만의 퇴겔러 비판의 내용은 상당 부분 건실하지만 퇴겔러가 자신의 문제제기를 통해서 지적하고자 하는 핵심을 먼저 짚어주는 것이 순리다. 그것은 "불안에 의해 드러난 세계의 무의미성을 경험한 인간이 어떻게 허무주의로 빠져버리지 않고 적극적으로 다시 그 세계와 교섭할 수 있겠는가?"라는 물음으로 요약된다. 이것은 불안과 무 그리고 허무의 문제이다. 퇴겔러는 '존재자체의 너울'이 아직 『존재와 시간』을 저술할 무렵의 하이데거에게서 충분히 인식되지 못하였기 때문에 이러한 문제가 발생한다고 보는 것 같다. 그러나 나의 판단으로는 존재 자체에 대한 충분히 성숙한 사유에 도달하지 못하였던 그 무렵에도 이미 나름의 방식으로 불안을 겪은 이후에도 공허감에 휩싸여 버리지 않고 세계와 다시 교섭할 수 있도록 해주는 장치들이 분명히 마련되어 있다.

퇴겔러의 순간의 공허성에 대한 문제제기를 올바르게 비판하기 위해서는 불안과 세계의 무의미성에 대한 섬세한 고찰이 요망된다. 이 문제는 본래적인 현존재의 행위 가능성을 입증하기 위해서는 반드시 해결되어야만 할 과제이다. 왜냐하면 불안을 겪은 현존재가 단적인 무만을 마주하게 된다면, 그는 어떠한 유의미한 행위도 수행할 수 없을 것이기 때문이다. 즉 불안 속에서 양심의 부름에 응한 현존재는 본래적이기보다는 단지 허무주의자가 되고 말 것이기 때문이다. '전회(Kehre)'를 수행하지 못한 하이데거가 아직 무를 넘어선 존재자체의 진리를 사유하지 못하고 있다는 푀겔러의 지적은 타당할지 모르겠으나, 실존론적 분석론에서 본래적인 현존재의 행위 가능성이 말살될 수밖에 없다는 귀결이 도출되어야만 하는가에 대해서는 의문의 여지가 있다. 이 문제에 대해서는 제4장에서 다시 고찰할 것이다.

2.3. 비판: 순간의 순수성의 주장의 한계

헤르만은 순수 형식적이자 무차별적인 현존재의 존재구조, 즉 우려의 세 번째 구성계기는 퇴락으로부터 전적으로 벗어난 곁에 - 있음임을 강조한다. 헤르만의 분석의 핵심만을 요약해면 아래와 같다.

1) 곁에 - 있음: 실존범주로서 현존재의 존재구조의 세 번째 자리를 차지하며 본래적인 현존재이든 비본래적인 현존재이든 무차별적으로 귀속된다.

2) 말: 정황성 및 이해와 등근원적인 개시성으로서 정황
성 및 이해를 포괄하면서 분절한다.

3) 퇴락: 비본래성을 지배하는 개시성으로서 현존재의 존
재를 구성하는 정황성, 이해, 말, 곁에-있음 등
을 전체적으로 변양시킨다.

4) 결의성: 본래성을 지배하는 개시성으로서 마찬가지로
현존재의 존재구성계기들을 전체적으로 변양
시킨다.

우려(현존재의 존재구조)	개현성(Aufgeschlossenheit)	
자기를-앞질러-있음(기획투사)	이해하는 개시성(Erschlossenheit)	
이미-세계-내에-있음(피투성)	정황적 개시성(Erschlossenheit)	말
곁에-있음	발견되어 있음(Entdeckheit)	

퇴락을 전적으로 벗어나는 '순간'이 본래적인 현존재에게
서 가능하고 그때는 푀겔러의 주장과는 달리 공허하지 않
으며 세계 내부적인 존재자들이 위장을 벗어던진 채 근원
적으로 드러나는 번뜩이는 순간(Augenblick)이라는 헤르만
의 주장은 한 가지 점을 제외하고는 사태에 적합하다. 즉
그 순간이 퇴락을 전적으로 벗어나면서도 동시에 본래적인
현존재에게서 지속적으로 견지되는 것으로 여겨진다는 점
말이다. 본래적인 현존재에게서 퇴락이라는 묵은 껍질이 거
의 벗겨내어지는 것처럼 보이는 순수한 순간이, 다시 말해

서 존재자를 그 자체로 순수하게 드러내는 순간이 드물게 일어날 수도 있다. 하지만 그것은 그야말로 지속적으로 우리에게서 견지될 수 있는 순간은 아니다. 그러한 순간은 잠시 뒤에 그 이유를 밝히겠지만 도무지 지속될 수 있는 성질의 것이 아니다. 또한 그것은 오히려 본래적인 현존재의 시간성의 한 탈자태로서의 '순간'이라기보다는 그러한 변양을 가져오는 불안의 '순간'에 가깝다. 따라서 하이데거가 본래적인 현존재의 현재적 탈자태로서 언급하는 순간은 이와는 조금 달리 해석되어야 한다. 하이데거에게 순간은 다소간 이중적인 것으로서 간주될 필요가 있다. 순간이란 헤르만이 말하는 그렇게 순수한 '순간'에 더하여 그것이 그 자체로 신장(伸張)되면서 그의 실존을 지속적으로 장악함으로써 본래적인 현존재의 향후의 삶 자체를 지배하는 작용까지도 포함한다. 즉 세계를 새로운 빛으로 밝혀주는 번뜩이는 찰나의 '순간'만이 아니라 그것이 지속적으로 그에게서 현전하면서 그 이래의 삶에 영향을 미치는 것, 바로 이후자까지도 포함한 전체가 본래적인 현존재의 현재적 탈자태로서의 순간인 것이다. 이러한 의미에서의 순간은 물론 지속성 및 구체적인 행위 가능성과 조금도 배치되지 않는다.

결의한 현존재 역시도 현실적으로 자신이 처한 공동체 내에서 타인들과 더불어 실존하면서 적극적으로 구체적인 행위를 전개해 나간다. 본래적인 현존재는 분명히 실존의 이상이라는 구름 위에 떠 있는 자가 결코 아니다. 하이데거가 말하는 본래적인 실존함은 명상 속에서 자기를 성찰함을 뜻하는 것이 아니다. 헤르만 자신도 자기 자신에 대하여 결의한 현존재 역시 비본래적 현존재와 마찬가지로 이런저런 존재자와의 다종다양한 교섭을 의미하는 고려함에 머물면서 실존한다는 것을 인정하고 있다. 즉 결의한 현존재는 결의의 수행을 위해서 적극적으로 행위에 가담해야만 한다. 그러나 헤르만이 말하는 순간, 즉 그러한 일종의 순수한 곁에-있음의 상태에서 현존재가 구체적인 행위를 열정적으로 수행할 수 있겠는가에 대해서는 의문이 생기지 않을 수 없다. 그러한 행위에는 특정한 존재자에의 몰입(Aufgehen)이 필수적으로 요청되지 않는가? 아래의 인용문들이 지적하는 바와 같이 말이다.

- "이[기대하는 간직함, 비본래적인 시간성의 도래 및 기재적 탈자태]로부터 튀어 오르는 현재화[비본래적인 시간성의 현재적 탈자태]는 고려함이라는 성격의 **도구세계에의 몰입**을 가능하게 한다. ……**도구세계로 '빠져' '현실적으로' 작업을 시작하고 다룰 수 있기 위해서는 자기가 망각되어야만 한다.**"(SZ 354, 강조는 필자가 함)

- "현존재의 현 사실적 실존은 일반적이자 무차별적으로 하나의 피투된 세계-내-존재일 뿐만 아니라 항상 또한 이미 고려된 세계에 **몰입**되어 있다. **이러한 곁에 퇴락하여 있음**에서……"(SZ 192, 강조는 필자가 함)

더군다나 인용문에 따르면 '도구세계에의 몰입'은 '자기의 망각'까지도 수반하는 것이다. 하이데거는『존재와 시간』의 곳곳에서 이러한 몰입이 퇴락의 양상임을 명시적으로 거론하고 있다. 헤르만은 이러한 용례들을 전부 다 '문맥에 대한 잘못된 파악'으로 치부해야만 한다. 또한 헤르만이 본래성의 지속성을 진정으로 수용한다면, 그는 이러한 자기망각을 수반한 몰입과 퇴락이 배제된 순수한 곁에-있음이 어떤 식으로 양립한다는 것인지를 보여줄 수 있어야만 할 것이다. 나는 그러한 용례들을 전부 독해상의 오류로 치부하기는 대단히 무리이며 또한 몰입과 순수한 곁에-있음은 헤르만의 해석틀 내에서 도저히 양립될 수 없다고 판단한다.[48]

하이데거에 따르면 '현실적인' 작업의 수행을 위해서는 '몰입'이나 자기망각이 필수적이다. 본래적인 현존재가 적극적인 행위 수행자라면, 이와 같이 '도구세계에 몰입'하고 '자기를 망각'해야만 한다. 또한 결의의 행위에는 비록 그것이 본래적인 현존재가 수행하는 것이라고 하더라도 음성적 발화의 형태이든, 문자적 진술의 형태이든 양심이 전하는 침묵의 소리 외에도 타인과의 언어사용이 필수적이다. 물론 이러한 언어사용은 개시성의 하나로서의 말과는 구별

---

48) 물론 나는 여기서 등장하는 '자기의 망각'과 '자기 자신으로 있음'을 의미하는 본래성이 어떻게 양립 가능할 수 있는가를 해명해야 하는 처지에 놓여 있다. 이에 대한 해명은 제3장 4.1에서 주어질 것이다.

되어야만 하는 것은 틀림없다. 그런데 이러한 언어사용 역시도 하이데거는 퇴락의 양상으로 거론한다.

"발화에서 언급되는 언어 속에 이미 놓여 있는 **평균적인 이해 가능성**에 따라서, 전달된 말은 널리 이해될 수 있다. 청자가 **말의 거리(Wortüber)**를 근원적으로 이해하면서 있지 **않더라도** 말이다."(SZ 168, 강조는 필자가 함)

몰입이 자기 자신과의 본래적인 관계 맺음을 멀리하게 만든다는 점에서 퇴락으로 간주된다면, 언어사용은 존재자의 평균적인 이해 가능성을 실어 나르므로 개별적 존재자에 대하여 근원적인 이해를 사상시킬 수 있다는 점에서 퇴락의 유형의 하나가 된다. 그렇지만 이러한 구체적인 행위의 필수적 요소들을 거부한다면 현존재는 어떠한 행위도 구체적이고도 실제적으로 수행할 수가 없을 것이다.

헤르만은 '순수한 곁에 – 있음'과 그것을 넘어선 '몰입하여 곁에 – 있음'의 관계 또는 양심이 건네는 침묵의 '말'과 그것을 넘어선 타인들과의 '언어사용'의 관계를 자신의 논의에서 빠뜨리고 있다. 아마도 그것은 헤르만의 해석적 도식의 틀 내에서는 받아들여질 수 없을 것이다. 이 시점에서 앞서 헤르만의 입장을 재구성하기 이전에 인용하였던 헤르만의 진술 하나를 다시 한 번 인용해 본다.

"본래적인 현존재는 퇴락하더라도 더 이상 퇴락한 것이
아니다."라는 모순적 문장으로 헤르만이 제시하고자 하였던
사태를 새로운 문장으로 표현한다면, 아마도 "본래적인 현
존재가 구체적인 행위에 몰두하더라도 그는 퇴락한 것이
아니라 본래적으로 실존한다."가 될 것이다. 헤르만은 분명
상기의 인용문에서 본래적인 현존재가 일순간적이지 않으
며 지속적인 행위에 가담한다는 주장을 하고 있다. 그렇지
만 어떻게 구체적인 현실적 행위가 '몰입하여 곁에 - 있음'
이라든가 '언어사용'을 거부한 채로 이루어진다는 것인지
혹은 ― 헤르만이 그런 것들을 본래성에 받아들인다면 ― 어
떻게 본래적인 현존재가 존재자에 몰입하고 발화행위에 가
담하면서도 순간의 순수성을 견지한다는 것인지를 해명할
수 없을 것이다.

헤르만은, 그리고 넓게 보아 둘째 입장은 고려하면서
(besorgend) 존재자와 관계 맺음, 즉 행위의 핵심이 다시금
존재자에의 몰입과 존재자에 관한 언어사용 등과 같은 퇴
락의 유형에 놓여 있음을 파악하지 못하였다. 하이데거의
실존론적 분석론에 대한 헤르만의 치밀한 해석은 실로 탁

월하다. 주요 개시성 가운데 '정황성'이나 '이해'와는 달리 왜 '말'은 특정한 시간적 탈자태와 결부되지 않는가에 대한 설명이라든가 '발견되어 있음(Entdecktheit)'과 '개시되어 있음(Erschloßenheit)'을 각각 존재자적 층위와 존재론적 층위로 나누어 이것을 각각 곁에-있음과 정황성 및 이해에 상관적인 것으로 분석하는 것 등이 특히 그러하다. 그러나 둘째 입장으로서의 헤르만의 입장에서 가장 결정적인 점, 즉 곁에-있음과 퇴락이 구별되어야만 한다는 점은 헤르만의 입장을 난점에, 본래성의 지속성을 해명 불가능한 것으로 만드는 난점에 빠뜨리고 만다.

그런데 헤르만의 입장을 이와 같이 거부할 경우, 나아가 곁에-있음과 퇴락의 구별이라는 헤르만의 분석을 받아들이지 않는다면, 우리는 헤르만의 푀겔러 비판을 거부함으로써 동시에 순간개념이 공허하다는 푀겔러의 비판을 곧이곧대로 수용해야하는 처지에 놓이게 되는 것인가? 전혀 그럴 필요가 없다. 물론 문헌학적 견지에서 보건대 '순간'에 대한 하이데거의 해설이 선구와 반복이라는 다른 두 본래성의 시간적 탈자태에 비하여 극히 빈약하다는 것은 틀림없는 사실이다. 그러나 그것이 순간 개념이 공허하다는 결론을 필연적으로 수반하는 것은 아니다. 우리는 이후에 어째서 본래적인 현존재가 불안을 겪으며 무의미한 세계의 현출을 경험하고도 다시금 세계로 귀환하여 적극적으로 유의미한 행위를 펼쳐 나갈 수 있는지를, 나아가 푀겔러의 지적처럼 순간에서 공허한 '무'를 만나는 것이 아니라 존재자와의 적극적인 교섭 속에서도 충만으로 그득할 수 있는지를 확인하게 될 것이다.

3. 퇴락과 본래성의 양립을 인정하나 본래성에서 퇴락이 잠재한다고 보는 입장

3.1. 입장의 재구성

지금까지 우리는 본래성과 비본래성 그리고 퇴락의 상관관계에 대하여 가능한 해석적 입장들 가운데 두 가지 입장을 논파하였다. 첫째 입장은 퇴락과 비본래성을 동치로 간주하고 퇴락과 본래성의 양립을 거부하되 퇴락의 구조적 필연적 지위를 인정함으로써 본래성이 순간적으로만 구현된다고 간주하는 입장이었으나, 이는 본래성의 지속성에 대한 근거들을 제시함으로써 논박되었다. 둘째 입장은 첫째 입장과 마찬가지로 퇴락과 비본래성을 동일시하며 퇴락과 본래성의 양립을 거부하지만 첫째 입장과는 달리 퇴락의 구조적 지위를 거부함으로써 본래성이 지속적으로도 구현

된다고 보는 입장이었는데, 이는 본래성에서의 구체적인 행위 가능성은 언제나 존재자에의 적극적인 몰입과 언어사용과 같은 퇴락의 유형들을 수반하게 됨을 지적함으로써 논박되었다.

세 번째로 다루어질 입장은 이제까지의 입장들과는 달리 퇴락과 비본래성을 동일시하지 않는다. 여기에서 퇴락은 비본래성으로 현존재를 잡아끄는 강력한 경향성으로 해석된다. 또한 퇴락은 현존재라는 존재자의 구조이자 필연적 계기로서 현존재에 내재하기 때문에 본래적인 현존재에게서라도 제거될 수가 없는 것이다. 다만 퇴락은 본래성에서는 잠재적인 상태로 있기 때문에 현세적으로 작용한다고 말하기는 어렵다. 이러한 입장에는 리처드슨(2003), 짐머만(1986), 프로인트(1944) 등이 속하는데 이하에서는 리처드슨의 분석을 중심으로 논의를 전개할 것이다. 우선 이전처럼 리처드슨의 입장을 충실히 재구성해 낸 뒤 그에 대한 난점을 지적하는 방식으로 논의가 전개될 것이다.

3.1.1. 유한성으로서의 퇴락

리처드슨(William J. Richardson)[49]은 현존재의 유한성을

강조하면서 퇴락을 현존재의 본질적인 구조로서 인정하고 본래적인 현존재라고 하더라도 결코 퇴락으로부터 벗어날 수 없음을 명시한다. 그는 하이데거의 사상을 전기와 후기로 분명하게 구별하면서도 전후기를 단절시키려 하기보다는 전회를 중심으로 양자의 긴밀한 관련성을 읽어내려는 데 주력하는 연구자이다. 그러한 독법에서 현존재의 유한성은 대단히 중요한 자리를 차지한다. 유한성은 전기에서는 피투성과 퇴락 및 죽음으로, 후기에서는 은폐성과 가상 및 비진리로 드러난다. 그렇지만 전기에서 이미 은폐성과 가상, 비진리가 현존재의 유한성을 드러내는 주요 개념이었고, 역으로 피투성과 퇴락, 죽음 등은 후기에서도 여전히 현존재의 유한성을 드러내는 데 중요한 역할을 한다.

현존재를 이루는 기초적 규정 가운데 하나는 실존이다. 실존은 자신의 있음에서 그러한 있음이 자신에게 그때마다 문제되는 자를 일컫는다. 그러한 현존재의 실존적 성격은 현존재가 지닌, 그렇지만 현존재가 통제할 수는 결코 없는, 가능성으로서의 존재성격, 즉 있을 – 수 – 있음이라는 성격에 기인한다. 현존재가 그때마다 있을 – 수 – 있기 때문에 그에게는 자신의 존재가 문제되지 않을 수 없다. 현존재의 '있을 – 수 – 있음'은 『존재와 시간』이 출간된 지 얼마 지나

하이데거 사유의 길』과 리처드슨의 이 책을 나란히 거론한다. 막스 뮐러, 같은 책, 306쪽 참조.

지 않아 초월(Transzendenz)이라는 훨씬 세련된 개념으로 발전한다. 하이데거가 『존재와 시간』에서 명시적으로 드러 내지 않았던 현존재의 초월적 성격은 2년 뒤「근거의 본질 에 대하여(Vom Wesen des Grundes)」에서 본격적으로 밝혀 진다. 거기에서 하이데거가 초월과 관련하여 언급하는 주요 규정들을 몇 가지 제시하면 다음과 같다.

- "초월은 넘어섬을 뜻한다. ……넘어섬은 일어남으로서 한 존재 자[현존재]에게 고유하다."(W 135, [ ]는 필자가 함)
- "넘어서지는 것은 바로 유일무이하게 존재자 자체. 더욱 정확 히 말하자면 [넘어서지는 것은]…… 모든 존재자, 그러므로 또 한 바로 그 자체 실존하는 존재자[현존재]이다."(W 136, [ ]는 필자가 함)
- "우리는 현존재 그 자체가 초월하는 '그리로(worauhin)'를 세계라 고 명명하며 이제 초월을 세계－내－존재라고 규정한다."(W 137)
- "이러한 전체성[존재자 전체의 전체성]을 그때마다 앞서 잡으며 －포괄적으로 취하는 이해가[이는 『존재와 시간』의 용어로 표현 하자면 세계 내부적 존재자의 '발견되어 있음(Entdecktheit)'에 선행하는 개시되어 있음(Erschloβenheit, 개시성)인 이해에 상응 한다] 세계로의 넘어섬[초월]이다."(W 155, [ ]는 필자가 함)

리처드슨은 현존재의 초월 성격을 현존재를 규정하는 핵 심적인 존재성격으로서 빈번히 사용한다. 도입부에서 '실 존'으로 특징지어졌던 현존재의 근본적 존재성격, 즉 그때 마다 '있을－수－있음'으로 존재하면서 자신을－앞지르는 (sich－vorweg) 존재방식은 이제 자기를 포함한 존재자 전체를 넘어서 세계로 초월함을 의미하게 된다. 리처드슨은 '실존', '존재연관 내에 있음', '초월'이 하이데거에게서 모두 동일한 현상을 기술한다고 본다(PT 35). 현존재가 존재자의 존재를 이해한다는 "바로 그 사실에 의해서 현존재는 존재자를 넘어 존재 그 자체(Being – process as such)로 나아간다(즉 초월한다.)."(PT 36) "초월은 존재론적 이해의 일어남(Geschehen)이자 수행(Vollziehen)이다."(PT 36)

그런데 중요한 것은 그러한 초월이 언제나 **유한한** 초월이라는 점이다. 일차적으로 초월의 유한성은 현존재의 피투성에 근거를 둔다. 존재자 전체에 피투된 존재자인 현존재는 항상 그러한 존재자 전체에 지시적으로 의존하여(angewiesen) 있다. 현존재는 "존재자들과의 계속적인 관계 맺음에 종사하면서 존재자들의 한가운데 거주"하는 식으로 존재자 전체에게 의존해 있다(PT 37). 현존재가 존재하는 한, 그는 이미 존재자 전체 속에 처해 있으며 이러한 현 사실로부터 결코 벗어날 수 없다. 이러한 존재자 전체에의 의존성은 어떠한 '문화'나 '기술'에 의해서도 극복될 수 없다(PT 37). 유한한 초월로서의 현존재는 그때마다 존재자 전체를 넘어 세계로 초월하지만 그럼에도 동시에 이미 존재자 전체에 의존하여 있다는 것이다. 존재자 전체에의 의존성으로부터 탈피할 수 없다는 의미에서의 이러한 현존재의 유한성은 실로 명백한 것이다. 하이데거가 논하는 초월이란 결코 저

편의 관념적 세계로의 혹은 궁극적 이상으로의 초탈과 같
은 것이 아니다. 그때마다 새로이 세계를 개시함 자체가 기
존의 존재자 전체를 넘어선다는 점에서 초월인 것이다. 또
한 우리는 이때 존재자 전체에의 의존으로부터 벗어날 수
없다. 인간이 그 어떠한 존재자로부터도 벗어난다는 것은
상상으로나 가능할 일일 것이다. 우리에게 존재자가 그때마
다 이미 존재한다는 사실 자체가 벌써 존재자에의 우리의
의존을 함축한다. 다시 말하건대 현존재는 시간성의 시숙에
따라 그때마다 새로이 존재자 전체를 넘어서면서 세계로
초월하지만 그러한 세계로의 초월은 다시금 존재자 전체에
의 의존이라는 성격을 띤다. 그런 점에서 초월은 항상 유한
한 초월일 수밖에 없다.

현존재의 유한성이 일차적으로 존재자 전체에의 의존성
혹은 피투성이라면, 현존재의 유한성을 규정하는 이차적 성
격은 바로 퇴락성(fallen − ness, Verfallenheit)[50]이다. 리처드
슨은 "하이데거는 이러한 피투성의 영속적 성격을 다른 용
어, 즉 현존재의 존재자들에의 퇴락성이라고 기술할 것"(PT
37)이라면서 현존재의 초월에 이미 내재해 있는 유한성인
피투성의 영속적 성격이 곧 퇴락성이라고 단언한다. 실상

---

50) 리처드슨은 오직 '퇴락성(fallen − ness, Verfallenheit)'만을 사용하지 '퇴락(falling,
Verfall)'이라는 명칭을 사용하지 않는다. 그렇지만 그가 이러한 구별에 특별한 의
미를 두는 것은 아니다. 여기에서는 퇴락성으로 번역하였지만 그것이 가리키는 현
상은 지금까지 '퇴락'으로 언급했던 것과 동일한 것으로 간주하면 될 것이다.

엄밀히 말하자면 『존재와 시간』의 어디에서도 하이데거가 '피투성의 영속적 성격'을 퇴락성이라고 규정한 적은 없다.[51] 리처드슨의 퇴락성에 대한 규정은 피투성이 현존재에게 얼마나 근본적인 존재성격이며 그것이 얼마나 철저하게 현존재를 규정하는지를 강조한 것이라고 말할 수 있다.

리처드슨에 따르면 존재자와의 끊임없는 관계 맺음의 필연성, 즉 퇴락성은 현존재의 존재이해 자체에 기인한다. 왜냐하면 존재 그 자체가 존재자의 존재로서만 현존재에게 이해될 수 있기 때문이다. 현존재는 유일하게 존재를 이해한다는 **존재론적인**(ontologisch) 특권을 지닌 존재자이지만, 그러한 특권이 발휘되는 것은 어디까지나 존재자와의 **존재자적인**(ontisch) 관계 맺음을 통해서일 뿐이다. 세계 내부적 존재자들과의 영속적인 관계 맺음은 끊임없이 존재를 이해하는 방식으로 살아가는 자에게는 극복될 수 없는 구조적 특성이다. 그런데 그러한 구조적 특성, 즉 "퇴락성은 존재자와의 관계 맺음을 향한 어떤 불가피한 견인력(drag), 그에 따라 **존재 그 자체를 망각하는 내적인 경향성**을 함축한다."(PT 38, 강조는 필자가 함) 퇴락성을 지니고 있다는 사실만으로 비본래성으로 낙인찍히는 것은 아니다. 본래적인 현존재도 이런저런 주위 세계의 존재자들과 끊임없이 관계

---

51) 리처드슨의 퇴락성에 대한 이러한 규정은 SZ보다는 KM에 의존해 있다. KM 228, 9쪽 참조.

를 맺지 않을 수 없다. 즉 결의한 현존재도 퇴락성을 지닌 채로 실존한다. "그러나 현존재가 존재론적인 것(존재)을 망각할 정도로 존재자적인 것에 몰입하여 있다면, 그는 자신의 독특성을 구성하는 바로 그 특권[존재이해 또는 초월]을 망각했던 것이다. 즉 그는 자신의 본래적인 자기로부터 '퇴락했고' '도피했다' 그는 비본래성 속에 상실되었다."(PT 70) 현존재만의 특권인 존재자 전체의 초월이라는 자신의 능력을 망각할 때, 현존재는 남들이 말하는 대로 피상적인 **잡담**을 늘어놓고 그저 **호기심**을 채울 요량으로 남들의 행동을 두리번대며 쳐다보고 남들이 이해하는 대로 평균적인 수준의 **애매한** 이해에 만족해하면서 그 자신도 그와 같은 남들이 되고 만다. 그런 식으로 현존재는 세상 사람들 속에서 자신을 상실한다는 것이다.

상기의 분석으로부터 리처드슨에게서 퇴락성이라는 개념이 다음과 같은 이중적인 의미로 사용되고 있음을 확인할 수 있다.

1) 존재자 전체에의 영속적인 의존성
2) 1)에 함축되어 있는 존재망각 및 자기상실, 즉 비본래성에의 경향성

3.1.2. 유한성의 적극적인 인수로서의 본래성

리처드슨은 현존재의 가장 근본적인 존재성격을 초월 또는 존재이해로 파악했음을 앞서 밝힌 바 있다. 그리고 현존재의 존재론적 특권이라고 할 수 있는 그러한 초월이 피투성과 퇴락성이라는, 또 다른 현존재의 근본성격인 유한성에 의해서 재차 특징지어진다는 사실도 확인하였다. 리처드슨은 이러한 현존재의 근본특징인 초월 및 유한성과 긴밀한 관련하에 본래성과 비본래성을 규정한다. 본래적인 현존재는 자기 자신을 명시적으로 선택하고 장악하며 떠맡는 자이다. 반면 비본래적 현존재는 자기 자신을 상실하고 망각하며 겉보기에만 떠맡는 자이다(SZ 42). 그런데 자기 자신을 선택한다는 것은 도대체 무엇을 뜻하는가? 리처드슨은 이에 대하여 다음과 같이 답한다.

> 실존의 구조는 존재자적 – 실존적 차원과 존재론적 – 실존론적 차원이라는 두 차원들에 의해, 동시적으로 그리고 분리 불가능하게, 성격지어진다. 그러나 보통의 일상성에서 존재론적 차원은…… 망각된다. 그러한 자기를 '선택하는' 것, 그것은…… 유일한 특권을 상 – 기하는(re – collect) 것이 아니고 무엇이겠는가?(PT 51)

중요한 점은 존재자적 – 실존적 차원과 존재론적 – 실존론적 차원의 구별을 단순히 비본래적 현존재와 본래적 현존재의 구별과 동일시할 수는 없다는 사실이다. 본래적이든

비본래적이든 현존재는 그때마다 공히 양 차원에서 실존한
다. 만일 그렇지 않다면 그때는 이미 존재를 이해하는 자로
서의 현존재의 특권적 지위를 박탈당하고 말 것이다. 비본
래성과 본래성 간의 차이는 자신의 고유한 능력을 망각하
느냐, 상기하느냐에 달려 있다. 비본래적 현존재는 자신이
존재론적-실존론적 차원에서 실존하고 있다는 자기의 고
유한 특성을 망각하고서 '단지 존재자적-실존적 차원에만
자신의 관심사를 국한시킴으로써'(PT 51) 자기 자신을 상
실하고 만다. 반면 본래적인 현존재는 존재자 전체를 초월
하여 세계를 기획 투사하는 자로서의 자신의 존재론적 특
권을 되찾는다. 그러한 되찾음은 양심의 부름에 청종하려는
결의성을 통하여 이루어지는, 망각된 자기를 일깨움, 즉 상
기이다. 그런데 '자기 자신에 충실하려는 의욕', 자기 자신
의 '선택', 즉 결의성은 그럼에도 여전히 '존재자적 차원에
놓여' 있다(PT 51). "[자기를] 선택함에서도 현존재는 존재
자들에의 지시적 의존성으로부터 해방되는 것이 아니라 단
지 상황 속에서의 자기로서의 자신에 대한 투명함을 즐길
뿐이다."(PT 83)

현존재가 세계에 내던져져 있으며 존재자 전체에 의존하
여 있다는 사실, 끊임없는 존재자적 관계 맺음 속에서만 현
존재는 실존할 수 있다는 사실은 본래적인 자기의 선택인
결의성을 통해서도 결코 제거될 수 없는 현 사실로서 남는

다. 다만 본래적인 현존재는 그렇게 자신이 존재자 전체에 의존되어 있는 그때마다의 유일한 상황을 꿰뚫어보는 투명한 시선을 가질 뿐이다. "본래성을 달성하기 위하여 현존재는 존재자적인 것으로부터 물러날 필요가 없다. 현존재는 단지 존재론적인 것을 되부를 필요가 있을 뿐이다. 이것으로 현존재가 자신의 자기를 상-기하도록 하는 데 충분할 것이다."(PT 71) "본래적인 실존은 퇴락한 일상성 위를 떠다니는 것이 아니라, 실존론적으로 보자면, 퇴락한 일상성의 단지 변양된 장악일 뿐이다."(SZ 179, PT 71) 본래적인 현존재는 자신이 초월자임을 상기함과 동시에 자신이 유한자임을 견디어내는 자라고 말할 수 있을 것이다. 즉 유한한 초월자로서의 자기 자신의 존재를 직시함이 결의성이다. 리처드슨은 선구적으로 결의하는 현존재라고 하더라도 퇴락하여 있을 수밖에 없음을 다음과 같이 분명하게 명시하고 있다. "선구하며 있을-수-있음은 자신이 지시적으로 의존하는 존재자들 가운데에 피투되어 있고 **퇴락하여** 있다."(PT 95, 강조는 필자가 함)

3.1.3. 자기와 주체

'초월'과 '유한성' 혹은 '존재론적 특권'과 '존재자적인 관계에의 의존'은 현존재의 양면적인 근본특징이다. 본래적인 현존재는 유한한 초월자로서의 자기 자신의 존재를 명료하게 선택하고 떠맡는 자이다. 현존재의 유한성이 결의성 속에서 지양될 수 없음을 리처드슨은 현존재의 각자성(Jemeinigkeit)에 대한 분석을 통하여 재차 확인한다.

하이데거는 현존재의 기초적 규정으로서 실존과 각자성을 제시한다.[52] 각자성은 현존재가 '각기 나 자신인 그런 존재자임'을 가리킨다. 그러한 자기 자신의 존재를 우리는 흔히 '나(ego)'라고 부른다. 그런데 "이러한 '나'는 실존적일 뿐만 아니라 실존론적이다."(PT 97) 그렇지만 현존재는 우선 대개 실존적 – 존재자적 수준에 머물러 있기 때문에 자기 자신의 존재를 자신이 고려하며 관계 맺는 존재자들로부터 이해하게 되어, 자기를 사물적 존재자로서, 즉 눈앞에 있는 '주체(subject)'로서 이해한다. "일상성에서 현존재는 자신을 우선 대개 자신이 존재자적으로 몰두해 있는 관심사로부터 이해한다. 존재론적 차원은 망각한 채 말이다."(PT 101) 눈앞에 있는 주체로서 이해되는 '나'는 수없이 다양한 체험들의 가운데에서도 자아동일성을 유지하는 항존적인 통일체의 성격을 갖는다.[53] "그렇지만 이것은 순전히 '나'에 대한 존재자적 해석이다."(PT 98) 자기 자신의

---

52) SZ 42, 53쪽 참조.

53) '나'가 흔히 '주체(subject)'라고도 불리는 까닭은 그것이 그와 같이 변화하는 체험들의 근저에 놓여 있는 기체(sub – jectum)로서의 특징을 갖기 때문이다.

존재를 그 밖의 존재자들과 본질적으로는 다를 바 없는 실체의 하나로서 해석하는 전통적인 존재론은 '나'에 대한 실존론적 – 존재론적 측면을 망각하고 있다. 현존재가 다른 존재자들에 대하여 갖는 특권, 즉 현존재는 존재론적으로 존재한다는 사실, 현존재는 존재이해를 갖는 초월적 실존이라는 사실이 거기에서는 망각되어 있다. 결의성을 통하여 달성한 본래적인 자기는 다름 아니라 이렇게 망각된 자기를 되찾는 자이다. 그에게 자기 자신의 존재는 '주체의 불변적인 동일성이 아니라 우려의 단일성'이며 '비주체적', '선 – 주체적인 자기, 즉 초월'이다(PT 101).

그러나 중요한 것은 본래적인 자기이해에서도 현존재가 단지 존재론적 층위에만 머물지는 않는다는 사실, 주체로서의 자기이해를 배제하지는 않는다는 사실이다. "그러나 본래성의 순간에서도 이러한 자기는 항상 실존론적일 뿐만 아니라 실존적인 것으로 남는다. 이것이 우리가 적법하게 자기를 '주체'라고도 말할 수 있는 이유이다."(PT 101)[54] 리처드슨이 이 부분에서 명시적으로 언급하고 있지는 않지만, 본래적인 자기이해에 있어서도 실존적 – 존재자적 자기이해, 즉 주체로서의 자기이해가 남아 있는 까닭은 현존재

---

[54] 물론 이와 같이 실존적 – 존재자적 층위에서 '주체'라고 불린다고 해서, 주관주의로 돌아가는 것이라고 볼 수는 없다. 왜냐하면 적어도 통상적 의미에서의 주관주의란 "주체라는, 현존재의 순전히 존재자적인 차원으로 스스로를 제한하는 해석"이기 때문이다(PT 101).

가 근본적으로 퇴락해 있기 때문일 것이다. 각자의 '나' 자신은 존재적-실존적으로는 주체로서, 그와 더불어 존재론적-실존론적으로는 초월로서 이해된다. 이와 같이 결의성을 통한 본래적인 자기이해 속에도 주체로서의 자기이해가 남아 있다는 사실은 결의성과 퇴락성이 대등한 대립적 관계에 놓여 있는 것이 아님을 시사한다. 결의성은 오히려 퇴락성을 끌어안는다.

3.2. 비판: 비본래성에의 경향성으로서의 퇴락 개념의 한계

리처드슨은 현존재를 유한한 초월로서 규정한다. 또한 그는 본래적인 현존재를, 자기존재를 초월로서 이해함과 더불어 피투성과 퇴락성을 자신의 본질적인 유한성으로서 인수하고 견디어내는 자로서 규정한다. 이런 식으로 리처드슨은 본래성과 퇴락성을 상호배타적 관계로 설정하지 않는다는 점에서 헤르만을 비롯한 둘째 입장과는 명백하게 구별된다. 많은 하이데거 연구자들과는 달리 그가 본래적인 현존재조차도 '퇴락하여 있다'고(PT 95) 명시적으로 표현했던 것은 하이데거가 퇴락을 현존재의 존재론적 규정으로서 간주했던 여러 부분들을 간과할 수 없었기 때문일 것이다. 그렇지만 리처드슨의 퇴락성에 대한 규정에는 한 가지 결정적으로 불명료한 점이 있다. 바로 그런 까닭에 ‘본래적인 현존재도 퇴락하여 있다’라는 그의 진술조차도 무엇을 말하고자 하는 것인지가 불투명하게 되고 만다. 리처드슨을 비롯한 셋째 입장 비판의 핵심은 바로 이 지점에서 시작된다. 리처드슨 외에 셋째 입장에 귀속되었던 짐머만(1986), 프로인트(1944) 등도 동일한 비판에 처하게 된다.

퇴락성에 대한 그의 규정은 일의적이라기보다는 사실상 아래와 같은 이중적인 의미를 담고 있음을 앞서 지적하였다.

1) 존재자 전체에의 영속적인 의존성
2) 1)에 내속하는 존재망각 및 자기상실에의 견인력 또는 비본래성에의 경향성

리처드슨은 현존재의 피투적 성격으로부터, 특히 피투성이 지닌 몇 가지 성격들 가운데에서 존재자 전체에 대한 현존재의 의존적 성격으로부터, 퇴락성이 무엇인지를 밝혀낸다. 현존재는 존재자 전체의 한가운데 피투되어 있다. 현존재는 그 자체 **유한한** 초월, ‘**피투적 기획투사**’, ‘**정황적인 이해**’이다. 그 때문에 그는 존재자 전체를 초월하면서도 늘 그것에 묶여 있다. 세계 내부적 존재자들에의 의존성은 현존재의 가장 근본적인 규정의 하나로서 실존론적 특성이다. 다시 말해서 현존재가 존재하는 한, 그는 존재자 전체에 의

존할 수밖에 없다. 그런 의미에서 존재자들에의 의존성은 영속적 성격을 띠게 된다. 리처드슨이 퇴락성으로 규정하는 것은 바로 이러한 현존재의 존재자들에 대한 끊임없는 의존적 성격이다. 문제는 여기서부터 시작된다. 그렇지만 그렇게 퇴락성을 규정한다면 그것은 한편으로는 공허하고 내용 없는 규정에 불과할 것이다. 왜냐하면 피투성 또는 의존성은, 정황성이 현존재의 가장 기초적인 개시성의 하나인 이상, 현존재의 영속적이고 불변적인 성격임이 당연한 것이기 때문이다.

그러므로 리처드슨이 또는 리처드슨이 파악하는 바에 따라 하이데거가, 굳이 피투성 외에 퇴락성이라는 개념을 새로이 설정함으로써 노리고자 하던 의도에 입각하여 파악해 볼 때 퇴락성의 진정한 의미는 퇴락성의 이차적 성격인 '비본래성에의 경향성'으로 간주되어야만 할 것이다. 현존재는 본질적으로 존재자 전체에 영속적으로 의존하기 때문에, 존재이해자로서의 자신의 특질을 망각하고 존재자적인 관계 맺음 속으로 깊이 빠져버려 자기 자신을 상실하기가 쉽다. 현존재는 퇴락해 있기 때문에 비본래적으로 실존하기가 십상이다. 퇴락성으로 인하여 현존재는 그 자체 내에 비본래성으로의 운동성을 지니게 된다.

리처드슨은 퇴락성을 현존재의 근본규정으로서 인정하기는 하지만 그 일차적 의미가 공허하기 때문에, 그에게서 퇴

락성은 결국 현존재를 비본래성으로 잡아끄는 경향성이라
는 의미로 귀착하게 된다. 이와 같이 퇴락성을 하나의 경향
성으로 해석하려는 경향은 몇몇 하이데거 연구가들에 의해
공유되고 있다.[55) 이것은 아마도 이러한 해석만이 존재론
적 구조로서의 퇴락을 본래적인 현존재에게 귀속시킬 수
있는 유일한 방법이리라 생각했기 때문일 것이다. 이러한
해석은 퇴락을 본래성으로부터 원천적으로 배제하려는 해
석보다는 일면 세련된 해석이라는 평가를 받을 수 있을 것
이다. 그러나 그와 같이 퇴락성을 단지 비본래성에의 경향
성 또는 본질적인 자기상실에의 견인력으로만 간주하는 해
석은 종국적으로 다음과 같이 말하는 셈이다. "본래적인 현
존재는 퇴락성을 지니고 있기는 하지만 완전히 퇴락하지는
않았으며 퇴락은 그에게도 본질적인 내적 구조이기는 하지
만 이는 마치 잠재되어 있는 것과 같다." 이러한 해석은 퇴
락이 본래적인 현존재에게서는 현세적으로 발휘되지 않는
다는 점에서 퇴락을 본래성으로부터 축출하려는 해석과 결
과적으로만 보자면 본질적으로 큰 차이가 없게 된다.[56)

---

55) Taylor Carmen, 같은 논문, 17쪽, Ernest H. Freund, "Man's Fall in Martin
Heidegger's Philosophy", *The Journal of Religion*, Vol.24, No.3, Jul.,
1944, 186쪽 참조, Michael E. Zimmerman, *Eclipse of the Self-the
Development of Heidegger's Concept of Authenticity*, Ohio University,
1986, 67쪽 참조.

56) 물론 둘째 입장과 셋째 입장 사이에 본질적인 차이가 없다는 것은 결코 아니다.
양자에는 분명 본질적 차이가 있다. 전자에서 본래성은 퇴락과 절대 양립될 수
없는 평행선을 달린다. 그러나 후자에서 퇴락은 본래성이든 비본래성이든 실존양

　　물론 리처드슨의 입장에서는 이러한 비판에 대하여 본래성 내에서도 끊임없이 비본래성에의 경향성이라는 퇴락의 힘이 현세적으로 작용하고 있으며 바로 그렇기 때문에 본래적인 자기의 상기는 부단히 퇴락과의 다툼 속에서 쟁취되는 것이라고 반박할 수도 있다. 이러한 가능한 반박에 따르면 퇴락이 본래적인 현존재에게는 단순히 잠재되어 있다고 말하기는 분명 어려워 보인다. 그러나 그렇다손 치더라도 본래적인 현존재에게 퇴락의 실제적인 영향의 결과가 발현되어 있지가 않다면 — 이에 대해서 리처드슨은 바로 다음에서 다룰 한 가지 지적을 제외하고는 대체적으로 특별한 설명을 제공하지 못하는바, 그의 일반적인 설명에 따를 경우 본래성에서는 퇴락이 결과적으로 영향을 미치지 못한다고 해석되어야 할 것으로 사료되는데 그렇다면 — 결국에는 앞서와 동일한 결론에 이르게 되는 셈이다. 왜냐하면 퇴락의 실제적 영향이 존재자와의 관계 맺음에 있어서 어떠한 식으로 작용하고 있는지를 리처드슨이 보여주지 못하는 한, 그의 설명도식 내에서 결국 퇴락은 본래적인 자기를 상기하려는 힘과의 저러한 다툼 속에서 패배하고 퇴거하여 죽어 있는 것과 마찬가지로 보이기 때문이다.[57]

태와는 무관하게 현존재에게 구조적으로 내재한다. 다만 결과만을 놓고 따져 묻자면 셋째 입장에서도 본래성에서 퇴락에 따른 영향력이 발견되지 않는다는 점에서 셋째 입장이 둘째 입장과 본질적으로 큰 차이를 가진다고 간주되기 어렵다는 사실을 지적하고자 할 따름이다.

하지만 리처드슨의 해석 가운데 본래적인 자기와 주체의 관계에 대한 분석은 넷째 입장, 즉 단순히 퇴락이 본래성에서 잠재하는 것이 아니라 적극적인 작용을 미치고 있다고 해석하는 입장에서도 수용될 수 있는 여지가 다분하다. 즉 그것은 본래적인 실존에서의 퇴락의 실제적 영향에 대해 어느 정도 시사를 해 주고 있다. 앞서 확인한 바와 같이 리처드슨의 분석에 따르면, 본래적인 현존재의 '나'에 있어서도 실존론적 자기존재와 실존적 주체가 함께 놓여 있다. 현존재는 결의함으로써 실존적이자 존재자적인 존재성격을 내버리는 것이 아니라 단지 자신을 존재론적 특권을 지닌 존재이해자로서 파악하게 되는 것이다. 이 사실이 의미하는 바는 본래적인 현존재가 주체와 같은 존재양식으로서 실존한다는 것이 불가피한 현실이라면 어떤 식으로든 그에게도 퇴락적 실존양상이 나타나야만 할 것이라는 점이다. 이러한 분석은 퇴락성의 의미를 단지 비본래적 경향성으로만 한정하는 것이 아니라 본래성에서도 그러한 경향성이 발현된다는 점을 보여주고 있는 것이므로 단순히 셋째 입장에 놓여 있다기보다는 오히려 넷째 입장에 가깝다고 간주될 수 있다.

---

57) 나는 퇴락이 비본래성에의 경향성이며 본래적인 상기와의 다툼 속에 놓여 있다는 점에 대해서는 결코 부인하지 않으며 오히려 적극 찬동한다. 다만 그러한 다툼 속에서 퇴락이 어떤 식으로 본래적인 현존재에게서 발현되는가에 좀 더 초점을 맞추고자 할 따름이다. 본래성에서의 퇴락의 발현방식은 제3장 이하에서 충분히 논의될 것이다.

제 3 장
퇴락의 제 양상들에 대한 분석

3

　지금까지 우리는 비본래성과 퇴락 그리고 본래성의 상관 관계에 대해여 각기 다른 세 입장들을 분석하였다. 이제 마지막으로 넷째 입장, 즉 퇴락과 비본래성을 구별하고 퇴락의 구조적 지위를 인정하면서 퇴락과 본래성의 양립을 주장하되 퇴락을 본래성에서도 현세적으로 작용한다고 해석하는 입장으로서 나의 입장을 제시할 것이다. 다만 그전에 지금까지 이루어진 분석과 비판을 잠시 종합적으로 정리해 보고자 한다.

　첫째로 우리는 퇴락이 우려라는 현존재의 존재구조의 한 계기로서 인정됨에 따라 퇴락을 현존재의 필연적 구조계기로 인정한 결과 퇴락을 벗어나는 본래성을 단지 순간적으로만 구현 가능한 것으로 해석하였던 입장을 다루었다. 그러나 그러한 입장은 본래성의 지속성을 시사하는 다양한 전거들과 '반복'이라는 개념을 통해 본래성의 결의적 행위가 갖는 성격을 해명해 줌으로써 논박되었다.

　두 번째로 다루어진 입장은 퇴락을 현존재의 존재구조의

한 계기로 인정하지 않고 단지 하나의 실존양태, 즉 비본래
성을 지배하는 개시성으로 간주함으로써 본래성의 지속성
을 확보하면서도 본래성에 퇴락은 미칠 수 없음을 입증하
려던 해석이었다. 이러한 입장은 본래성의 지속성을 인정함
에 따라 본래적인 현존재 역시도 존재자와의 다종다양한
교섭관계에 머물면서 실존한다는 사실을 인정한다. 그러나
바로 그 점에서 둘째 입장은 취약점을 갖는데, 어떻게 존재
자에의 몰입이라든가 언어사용 등의 퇴락의 현상들을 배제
하면서 존재자와의 저러한 교섭관계가 성립될 수 있는가라
는 의문의 제기를 둘째 입장은 해소해 주지 못한다. 즉 본
래성에서의 구체적이고도 현실적인 행위에 대한 설명력이
부재한다.

다음으로 우리는 퇴락을 현존재에게 필연적으로 내재하
는 구조계기로 인정하면서도 첫째 입장과는 달리 본래성을
지속적으로 구현 가능한 것으로 보는 해석적 입장을 다루
었다. 그 입장에 따르면 퇴락이란 비본래성으로 끊임없이
현존재를 잡아끄는 뿌리치기 어려운 강력한 경향성이나 견
인력으로 이해된다. 그러나 종국적으로 셋째 입장은 한 가
지 조건을 갖추지 못하는 한 이전의 입장들과 동일한 처지
에 놓이게 됨을 우리는 확인하였다. 즉 본래성에서도 퇴락
이 현세적으로 작용하고 있음을 보여주지 못하는 한, 셋째
입장은 본래성에서의 퇴락을 단지 하나의 잠재성으로만 파

악하는 것과 다름없으며 이는 또한 결과만 놓고 보자면 이 전의 입장들과 같이 퇴락과 본래성의 공존을 거부하는 것과 진배없다는 것이다.

이로써 우리는 제기된 문제에 대한 상이한 세 입장들의 논의를 짧게 훑어보았다. 제3장과 제4장에서는 나의 입장인 넷째 입장을 다룰 것이다. 이를 위해서는 퇴락에 대한 세밀한 규정이 필수적인바, 먼저 여기에서는 퇴락이라는 이름으로 거론되는 제 양상들에 대한 꼼꼼한 분석이 수행될 것이다.

1. 퇴락에 대한 개괄적 규정

'퇴락(der Verfall)'이라는 표현은 그 자체로 부정적인 뜻을 함축한다. 명사 'der Verfall'은 사전적으로 쇠퇴, 쇠망, 멸망, 몰락, 붕괴, 부패, 타락 등의 뜻을 지닌다. 그런데 하이데거가 전문용어로서 사용하는 것은 이런 명사의 형태가 아니라 동명사의 형태, 즉 'das Verfallen'이다. 동사 'verfallen'은 자동사로서 상기의 뜻을 그대로 가질 뿐만 아니라 '(어떤 상태)에 빠지다'는 뜻도 가진다. 하이데거가 종종 이러한 동사형도 사용한다는 점을 고려해 보건대 그가 굳이 명

사형이 아닌 동명사형을 사용하는 까닭은 이 동사적 의미
가 중요함을 암시하는 것일 수도 있다. 어떻든 간에 퇴락은
사전적으로 여러 부정적인 뜻을 함축하고 있는 것임은 분
명하다. 그러나 하이데거 자신은 이를 존재론적 개념으로서
사용할 때 여기에는 어떠한 부정적인 가치도 함축하고 있
지 않음을 여러 차례 강변하고 있다.

- "현존재의 퇴락성을 어떤 순수하고 고차적인 '원초상태'에서 '타
  락한' 것으로 파악해서는 안 된다."(SZ 176)
- "퇴락의 존재론적 – 실존론적 구조에다. 아마도 인류문화의 진보
  된 단계에서는 제거될 수도 있는 그런 어떤 나쁜 원망할 만한
  존재자적 속성을 부과하려 한다면 그것도 그 구조를 오해하는
  것이 될 것이다."(SZ 176)
- "퇴락은 현존재 자신의 본질적인 존재론적 구조를 드러내고 있
  으며, 이 구조는 어두운 면을 규정하기는커녕 도리어 현존재의
  매일매일을 전부 그 일상성에서 구성한다. 그러므로 실존론적 –
  존재론적 해석은 '인간 본성의 타락'에 대해서 어떤 존재자적
  발언을 하는 것이 아니다."(SZ 179)

이와 같이 하이데거가 퇴락에 대한 부정적인 가치평가를
유보한 것 자체가 어쩌면 사실상 이미 퇴락의 필연성을 시
사하는 것일 수도 있다. 유사한 맥락에서 화이트(2005)는
"사실상 하이데거는 도덕적으로 퇴락을 비난하는 것이 아
니라 오히려 문화적인 생활에 있어서 퇴락의 필연성을 주
장하는 것"라고 말한다.[58]

퇴락이라는 현존재의 존재방식에 어떠한 저급한 가치평
가도 주어져서는 안 된다는 점은 명백하지만, 동시에, 리처
드슨(2003)이 정확하게 지적하는 바대로, 퇴락이 인간존재
의 근본적인 유한성을 가리킨다는 점 또한 확실하다. 실존
론적 유한성을 나타내는 개념으로서 퇴락이 현존재의 존재
방식으로서 무엇을 뜻하는가를 명료하게 제시할 필요가 있
다. 물론 퇴락은 현존재가 존재자와 관계하는 대단히 복잡
하고 다양한 현상이므로 그것을 일의적으로 규정하기란 심
히 어렵다.59) 우선 개괄적으로 퇴락을 '근원성으로부터 멀
어짐'이라고 규정할 수 있겠다. 즉 자기와의 관계의 측면에
서 보자면, 퇴락은 불안에서 드러나는 본래적인 자기 자신,
즉 존재자 전체가 빠져나감으로써 드러나게 되는 적나라한
자기 자신으로부터 멀어짐이다. 또한 세계와의 관계의 측면
에서 보자면, 퇴락은 불안에서 드러나는 세계 그 자체의 개
현으로부터 멀어짐이다. 그러나 이러한 개괄적인 규정들만

---

58) Carol J. White, 같은 책, 42쪽 참조.

59) 페츠(1992) 또한 퇴락의 다층성을 세 수준으로 구분하는데 그의 구분방식은 나
와는 다소 상이하나 참고 삼아 소개하자면 다음과 같다.
　1) 현 사실성의 수준에서의 퇴락. '현 사실적으로' 현존재는 '우선 대개' 퇴락하
여 있다.
　2) '경향'으로서의 퇴락. 현존재는 자신의 세계에로 퇴락하고 그 세계로부터 자
신을 '비본래적으로' 이해하는 '성향'이나 '경향'을 지닌다.
　3) 구조적－존재론적 퇴락. '퇴락'은 "현존재 자신의 본질적인 존재론적 구조를
드러낸다."
　Fetz, Reto Luzius, "Zweideutige Uneigentlichkeit－Martin Heidegger als
Identitätstheoretiker", Josef Simon(Hrsg.), *Allegemeine Zeitschrift für
Philosophie*, JG 17, Stuttgart, 1992. 15, 6쪽 참조.

으로는 퇴락 현상을 만족스럽게 설명할 수 없다. 이하에서
는 퇴락에 대한 지금의 규정들을 넘어서서 퇴락과 관계된
주요 현상들인 의존성(Angewiesenheit), 공공성, 세상 사람들
(das Man), 몰입(Aufgehen), 비진리, 퇴락의 격랑(Bewegtheit)
등으로 분석을 확장할 것이나 이러한 개념들이 여전히 상
기의 퇴락에 대한 일차적 규정과 긴밀한 연관하에 있기 때
문에, ‘퇴락’이라는 하나의 이름으로 공통적으로 묶일 수
있는 것임은 주지되어야 할 것이다.

　첫째로 ‘의존성’, ‘공공성’, ‘세상 사람들’과 관련한 퇴락
의 현상들이 논의될 것이다. 현존재는 그가 피투되어 있는
존재자 전체에 지시적으로 의존되어 있다. 또한 그는 그때
마다 교섭하는 존재자의 존재이해를 위한 해석양식을 자신
이 성장한 사회문화적 공동체로부터 구한다. 그런 식으로
현존재는 ‘세상 사람들’로서 살아갈 수밖에 없다. 둘째로
퇴락의 가장 두드러진 현상인 ‘몰입’과 관련하여 ‘주위세계
에의 몰입’과 ‘공공적 세계에의 몰입’이 논해질 것이다. 현
존재는 일상적으로 늘 무언가에 몰입해 있다. 이런저런 작
업에 열정적으로 종사할 때뿐만 아니라 휴식을 취할 때조
차도 주위세계에 몰입해 있으며 또한 그러한 몰입은 언제
나 공공적 세계에의 몰입을 동반한다. 공공적 세계에 몰입
한 현존재는 자기 자신을 세상 사람들로서 이해하게 된다.
이러한 방식으로 현존재는 자기 자신으로부터 이탈하여 세

계로 퇴락한다. 셋째로 공공적 세계의 위장과 은폐로서의 '비진리'와 '퇴락의 격랑'에 관한 분석이 시행될 것이다. 현존재는 공공적 세계에 거주하는 한, 늘 비진리의 터에 놓여 있다. 일상적이고 공공적인 삶에서 현존재는 존재자 자체의 근원적인 이해를 접하기보다는 위장과 가상으로 덮여 있는 피상적이고 천박한 이해에 만족하게 된다. 그렇게 비진리 속으로 진입해 있기 때문에 현존재는 끊임없이 더욱 깊은 퇴락의 소용돌이에 휘말린다.

다만 이러한 퇴락의 제 현상들에 대한 분석 이전에 우선 드라이퍼스(1991)의 퇴락분석을 다루고자 한다. 나는 그의 퇴락분석을 수용함으로써 퇴락을 a) 그 전개양상의 정도에 따라서 심화된 퇴락과 중립적 퇴락(또는 구조적 퇴락)으로, b) 그 유형에 따라서 '몰입', '언어사용', '반사성'으로 구별하고자 한다. 또한 이때 본래성과 퇴락의 관계가 고찰됨으로써 넷째 입장이 어떤 점에서 다른 입장들과 구별되는지가 분명해질 것이다. 이 밖에도 드라이퍼스의 해석과 관련하여, 하이데거가 '불안'이라는 근본기분에서의 비본래적인 자기도피를 퇴락과 동일시하는 데 대하여 드라이퍼스가 가하는 비판의 적절성을 살펴볼 것이다. 마지막으로 이에 덧붙여 그의 분석의 탁월성에도 불구하고 돌출하게 되는 그의 해석상의 몇 가지 난점들이 지적될 것이다.

2. 드라이퍼스의 퇴락분석

2.1. 퇴락의 세 유형들 및 퇴락과 본래성의 관계

드라이퍼스(Hubert L. Dreyfus)[60]는 리처드슨이 명료하게 해명하지 않았던, 본래성에서 발현되는 퇴락적 양상들에 대하여 분석한다. 그는 퇴락이 현존재의 존재론적 구조임에 주목하여 본래적인 현존재라고 하더라도 퇴락으로부터 벗어날 수 없음을 지적하고 퇴락을 그 심화양상에 따라 세별하였다. 즉 본래적인 현존재 역시 그로부터 벗어날 수 없는 구조적인 퇴락양상과, 본래적인 현존재에게는 통용될 수 없고 무차별적이거나 비본래적인 현존재에게만 유효한 심화된 퇴락방식을 구분하였다. 이를테면 드라이퍼스에 따르면 고려되는 세계에의 몰입은 본래적인 현존재라고 하더라도 벗어날 수 없는, 인간의 근본적인 실존방식이다. 그러나 그러한 세계에의 몰입이 심화된 양상인 '함몰(Benommenheit, fascination)'은 본래적인 현존재에게 귀속될 수 없다. 현존재가 세계 내부적 존재자들에 함몰되어 있을 때에 그는 자

---

60) 드라이퍼스(Hubert L. Dreyfus)는 오늘날 미국에서 가장 영향력 있는 하이데거 연구자 가운데 하나이다. 그의 저서 Being-in-the-World-A Commentary on Heidegger's Being and Time, Division I(이하 'BW'로 약기) 역시 현재 미국에서 가장 많이 인용되는 하이데거 연구서라고 할 수 있다.

신의 고유한 자기를 본질적으로 총체적으로 상실하고 말기 때문이다.

드라이퍼스가 파악한 바에 따르면, 하이데거는 실존론적 분석론에서 적어도 퇴락의 세 가지 유형들을 제시하고 있다. 첫 번째 퇴락의 유형은 이미 언급했던 '몰입'이다. 몰입은 하이데거가 가장 빈번하게 퇴락으로서 언급하는 현상이다. 이와 관련한 하이데거의 진술을 몇 가지 인용하자면 다음과 같다.

- "세계-내-존재는 도구 전체의 용재성(Zuhandenheit)을 구성하는 지시들에 비주제적으로 둘러보며 몰입함이다."(SZ 76)
- "[현존재는]…… 항상 또한 이미 고려되는 세계에 몰입해 있다."(SZ 192, BW 229)
- "'일에 몰입하는' 조작과 분주함을 가능하게 하는 가까이함에서 우려의 본질적인 구조인 퇴락이 알려진다."(SZ 369, BW 226)
- "역으로 현 사실적으로 실존하면서 사물들에 열정적으로 몰입함의 내부에서 이러한 일상적인 자기를 가짐은 진정할 수 있다."(GP 228)

드라이퍼스는 "현존재가 항상 무언가를 하는 데에 몰입해 있음"을 강조한다(BW 227). 몰입은 본래적이든 비본래적이든 현존재가 실제적 행위를 하기 위한 조건이며 그런 점에서 현존재의 '구조적 필연성'이라고 볼 수 있다. 그러한 맥락에서 그는 또한 "몰입은…… 실존범주의 하나로서 간주될 만하다."라고 말한다(BW 227).

그런데 '고려되는 세계에의 몰입'은 현존재로 하여금 그렇게 자신이 몰입하고 있는 세계 속으로 현존재를 빠져들도록 잡아끄는 견인력(pull), 바꿔 말하자면 자기 자신을 '세상 사람들'이 지배하는 세계로부터 이해하게끔 만드는 성향을 그 자체로 지니고 있다. 그러한 견인력 또는 성향에 압도당하지 않기 위해 저항하지 않을 때, 현존재는 공공적 세계에 **함몰**되어 본래적이지 않은 자기이해를 갖게 된다. 즉 현존재는 자신이 몰입하고 있는 활동 자체로부터 또는 일상적 업무에서 주어지는 사회적 역할로부터 스스로를 이해하게 된다. '함몰'과 관련한 하이데거의 진술을 몇 가지 인용하자면 다음과 같다.

- "이러한 친숙함에서 현존재는 자신을 세계 내부적으로 만나는 것에 자신을 잃어버리고 그것에 함몰될 수 있다."(SZ 76, BW 228)
- "비본래성은 바로 한 탁월한 세계-내-존재를 이루는데, 그것은 '세계'와 세상 사람들 속의 타인의 공동현존재에 의해 완전히 함몰되어 있다."(SZ 176, BW 228)

이때 현존재는 가장 고유한 자기의 존재로부터 이탈하여 단순히 공공적 세계가 부과하는 업무에 충실한 '세상 사람들'이 된다. 그렇지만 그러한 세계에의 몰입에 내재하여 있는 심화된 퇴락으로의 견인력에 충분히 저항할 수만 있다면, 현존재는 함몰되지 않은 채로 자신의 행위에 몰입할 수도 있다. 드라이퍼스는 이에 대한 전거로서 다음의 진술을 인용한다. "~에의 몰입은 **대개** 세상 사람들에의 공공성에 상실되어-있음의 성격을 갖는다."(SZ 175, BW 236) 드라이퍼스는 '대개(zumeist)'라는 표현에 주목하여 하이데거가 공공성에의 '상실', 즉 비본래성이 아닌 퇴락의 한 방식이, 즉 '몰입'이 가능함을 시사하고 있다고 주장한다. 그리하여 그는 본래성과 몰입의 공존방식에 대하여 다음과 같이 서술한다.

> 그러나 자기와 접촉하여 있는 본래적 자기조차도 "도구세계에 상실된 채 자신을 잊어버려야만 한다. 실제로 일을 하거나 무언가를 조작할 수 있기 위해서는 말이다."(SZ 354) ……**본래적인 현존재는 하는 것을 계속해야만 하고 심지어는 일상적인 작업에 빠질 정도로 계속 몰입해야만 한다.** 그렇지만 동시에 일상적 활동들에 함몰되거나 떠넘겨져서 자기 자신 및 상황에의 근원적 연관을 상실하지 않도록 저항하면서 말이다(BW 228, 강조는 필자가 함).

한편, 두 번째로 제시되는 퇴락의 유형은 언어사용이다. 드라이퍼스에 따르면, 하이데거는 도구적 존재자에 대한 존재이해를 '근원적(primordial)', '실증적(positive)', '결여적(privative)' 방식으로 구별한다(BW 230, 1). "우리가 망치를 더욱 장악하여 사용할수록, 망치와의 관계는 더욱 근원적이게 된다."(SZ 69, BW 230) 우리가 실제로 도구를 직접 실제적으로 사용할 때, 그러한 도구와의 관계는 '근원적'이다.

하지만 우리의 존재자에 대한 앎의 거의 대부분은 그와 같이 직접적이고 실제적인 존재자와의 교섭에 의해서가 아니라, 평균적인 이해 가능성(intelligibility, Verständlichkeit)의 교환, 즉 발화나 진술 등을 통한 타인들과의 언어사용이라는 간접적인 방식으로 습득된다. 이러한 평균적인 이해 가능성의 교환으로서의 언어는 존재자에 대한 '실증적'인 방식의 존재이해로 간주된다. 그런데 언어는 이와 같이 '실증적'인 방식으로 사용되기도 하지만, 평균적인 이해 가능성이 내포하고 있는 일반화 및 진부화하는 성격으로 인하여 전달된 언어 속에는 존재자에의 근원성은 단절되고 피상성만이 남기가 대단히 쉽다. 이때에는 '결여적'인 방식으로 존재자에 대한 이해가 이루어진다고 말할 수 있다.

 "언어는 그 구조상 현존재로 하여금 존재 및 현존재 자신의 존재에 대한 근원적 관계로부터 떨어지도록 이끌고, 그리하여 근원성으로부터 무지반성으로의 미끄러짐을 가능하게 한다."(BW 229) 언어가 지닌 공공성은 끊임없이 현존재를 근원성으로부터 이탈시킨다. "현존재는 자신의 활동을 자신과 타인에게 이해되게끔 만드는 데 있어서 세계 및 자기와의 직접적인 관계를 상실해야만 한다."(BW 230) 그것은 타인에게 나의 직접적인 경험을 전달하기 위해서는 언어의 공공적 성격에 의존할 수밖에 없기 때문이다. 드라이퍼스는 '몰입'과 '함몰'을 구별했던 것과 유사한 방식으로

'실증적인' 언어사용과 '결여적인' 잡담(Gerede)을 구별하고 자 한다. 잡담은 일반적인 언어 사용이 지닌 공공성 및 평균성을 심화시킴으로써 근원성으로부터의 단적인 근절을 초래할 뿐만 아니라 "평균적인 이해조차도 폐쇄해 버린다."(BW 231) 요컨대 드라이퍼스는 현존재의 언어 사용을 '평균적 이해 가능성을 위한 실증적인 일반성'과 '이해를 폐쇄시키는 결여적인 언어사용'으로 구별한 뒤(BW 231), 전자를 언어의 불가피한 속성으로서 간주하고 퇴락의 **구조적** 성격으로 편입시키는 반면, 후자를 언어가 **오용된** 현상인 잡담으로 파악한다.

현존재의 본질적인 구조로서 제시되는 퇴락의 세 번째 유형은 반사성(Reflexivity)이다. 반사성 역시 현존재로 하여금 자신의 존재를 폐쇄하도록 이끈다. 반사성은 하이데거가 『존재와 시간』에서 직접적으로 언급하는 용어는 아니지만 이 용어가 함축하고 있는 현상이 거기에서 빈번히 나타나고 있다.[61] 드라이퍼스는 다음의 구절들을 그 예로서 보여주고 있다.

- 현존재는 그에 속한 존재양식에 따라 자신의 고유한 존재를 그가 본질적으로 끊임없이 우선 관계 맺고 있는 그 존재자에서부터,

---

61) 하이데거는 『현상학의 근본문제들(Die Grundprobleme der Phänomenologie)』에서 이러한 현상을 명시적으로 반성(Reflexion) 또는 반영(Widerschein)이라는 이름으로 부른다. GP 224-8쪽 참조.

즉 '세계'에서부터 이해하려는 경향을 가지고 있다(SZ 15).

- '세계'의 우선적으로 고려되고 있는 것 곁에 퇴락해 있는 존재는 일상적인 현존재 해석을 이끌며 존재자적으로 현존재의 본래적인 존재를 은폐하며, 그로써 이 존재자에게 향해 있는 존재론에 적합한 지반을 제공할 수 없게 된다(SZ 311).

전통적인 인식 형이상학이 인간의 존재를 눈앞에 있는 주체로서 파악했던 것도 바로 이러한 반사성에 따른 결과의 하나라고 볼 수 있다. 현존재의 존재를 자기를 그때마다 앞지르는 초월적 실존으로 파악하지 못하고 사물적 존재방식에 입각하여 실체성과 같은 '눈앞에 있음(Vorhandenheit)'의 양식으로 파악하는 것은, 현존재가 자신이 고려하고 있는 '세계'에 입각하여 자기 자신의 존재를 해석하기 때문이다. 그로 인해 현존재는 우선 대개 자기 자신을 실체적인 자아로서 해석하게 된다. 드라이퍼스는 반사성에 대해서는 몰입－함몰, 언어사용－잡담과 같이 근본적 구조와 오용된 구조의 관계로 짝을 이루는 두 쌍을 명시적으로 제시하고 있지는 않다. 다만 그가 반사성을 자기해석의 기준을 자기가 아닌 '세계'로 삼게 만드는 경향성으로서 근본적인 구조로 간주하고 ― 경향성일 뿐이니 얼마든지 본래적인 자기에 입각하여 자신의 존재를 이해할 가능성도 상존한다 ― 그러한 경향성에 굴복하는 경우를 반사성의 오용된 현상으로 파악하고 있다고 짐작해 볼 수 있다.

아래의 도표는 드라이퍼스가 제시하는 퇴락의 유형들에 대하여 정리한 것이다.[62] '존재론적 구조로서의 퇴락의 유형들'에 해당하는 몰입, 언어, 반사성은 현존재의 본질적인 구조이므로 본래적이든 비본래적이든 모든 현존재에게 무차별적으로 적용된다. 퇴락의 유형들은 현존재로 하여금 자신의 존재를 폐쇄하게끔 유도하는데 그에 대하여 적절히 저항하지 못하는 경우, 본래적인 자기존재와 전적으로 단절되고(함몰), 근원적인 상황으로부터 단적으로 근절되며(잡담), 자신의 존재를 왜곡하여 실체화된 자아로서 파악하게 된다(자기왜곡).

존재론적 구조로서의 퇴락의 유형들	구조의 변질 (심화된 퇴락)	현존재의 어떤 측면이 폐쇄되는가?	폐쇄된 결과
몰입	함몰	실존	본래적인 자기존재와의 단절
언어사용	잡담	상황	상황의 일반화에 따른 근원성의 근절
반사성	자기왜곡	자기	자기존재를 실체로 파악함

2.2. 퇴락과 자기도피의 문제

하이데거는 자기도피와 퇴락의 긴밀한 상관성에 대하여

---

62) 드라이퍼스가 정리한 것(BW 227)을 다소 수정하였다.

다음과 같이 설명한다. "현존재가 세상 사람들 및 고려된 '세계'에 퇴락해 있는 것을 우리는 그 자신 앞에서 '도피하는' 것이라고 명명했다."(SZ 253) 이와 같이 하이데거는 자기도피와 퇴락을 사실상 동일한 현상으로서 간주한다. '불안에서의 섬뜩한 자기로부터 도피하는 것'과 '고려되는 세상 사람들의 세계에 퇴락(몰입)해 있는 것'이 하나이자 동일한 사태라는 것이다. 양자가 동일한 사태라는 사실이 함축하는 바는 고려되는 세계에 몰입해 있는 현존재는 이미 자기 자신으로부터 도피한 것으로 간주되어야만 한다는 것이다. 그런데 앞서 확인한 바와 같이 드라이퍼스의 논의에 따르면 본래적인 현존재에게도 몰입이라는 퇴락의 한 유형을 귀속시키지 않을 수 없다. 그 결과 '몰입해 있는 본래적인 현존재', 즉 '자기를 도피하는 본래적인 현존재'라는 모순적 개념이 나타나고 만다.

하이데거가 몰입으로서의 퇴락을 도피로서의 퇴락으로부터 끌어낸다면, 그는 본래성을 불가능하게 만드는 것이다. 현존재는 구조적으로 몰입해 있다. 현존재의 몰입이 자신의 섬뜩함으로부터의 도피 결과라면 현존재의 퇴락에의 구조적 경향이 은폐에의 유혹에의 굴복과 동일시되고 만다. ……그것은 현존재를 본질적으로 비본래적이게 만들 것이다(BW 229).

이러한 문제를 피하기 위해서 드라이퍼스는 지금까지 설명한 존재론적 구조로서의 퇴락을 불안에서의 자기도피와 구별해야만 한다고 주장한다. 그는 하이데거가 실존론적 구조인 퇴락과 실존적인 양상인 자기도피 간의 구별을 무너뜨림으로써 비본래성이 모든 현존재에게 필연적이게 되고 본래적인 현존재의 존재 가능성을 제거하게 된다고 본다. 드라이퍼스는 하이데거가 키르케고르의 불안 분석에 영향을 받아 심리학적인 자기도피를 구조적인 퇴락과 혼합시켰다고 비판한다.[63]

드라이퍼스에 의하면 하이데거는 "왜 현존재가 [우선 대개] 자신으로부터 퇴락하는[떨어져나가는] 경향에 굴복하는가"(BW 233, [ ]는 필자가 함), 즉 왜 현존재는 자기의 근원적인 존재로부터 돌아서는가에 대한 해명을 제시해야만 했는데, 그는 그것을 심리학적 자기도피로부터 구했다는 것이다. 하이데거는 불안에서 드러나는 섬뜩한 자기로부터 현존재가 견딜 수 없어 달아났기 때문에, 근원성으로부터의 이탈이 발생한다고 해명한다. 그러나 드라이퍼스는 현존재가 '우선 대개' 본래적인 자기로서 존재하지 않고 자기를 외면하게 되는 이유를 다른 데에서 구함으로써 '본래성의 불가능성'이라는 문제를 해소하고자 한다.

> "유발된 도피에 기초를 둔 퇴락에 대한 심리학적 해명을 피하려면,
> 왜 현존재가 몰입해 있는 세계의 견인력에, 그리고 평균적 이해 가능

---

63) BW 226 참조.

성의 원천으로서의 언어의 유혹에 굴복해서 세계와 자신에 대한 근원
성으로부터 자신을 돌아서게 만드는지에 대한 구조적 해명이 필요하
다. 그러한 설명의 일부가 세상 사람들의 퇴락성에 대한 하이데거의
묘사에 의해 제공된다. ……**현존재는 단순히 이러한 근원성의 부재
[세상 사람들의 세계] 속으로 사회화된다.** 그러므로 하이데거는 왜 현
존재가 자신으로부터 퇴락하는 경향에 굴복하는가에 대한 별도의 심
리학적 설명을 필요로 하지 않게 된다. '세상 사람들'−자기로서 현
존재는 이미 퇴락했다."(BW 233, 4, 강조 및 [ ]는 필자가 함)

드라이퍼스에 따르면, 현존재는 불안에서 개시되는 자기
로부터 적극적으로 도피하기 때문에 퇴락의 견인력에 굴복
하는 것이 아니다. "'세계'에의 퇴락성", 즉 "상호적 공동존
재(Miteinandersein)에의 몰입"(SZ 175)은 현존재가 불가피하
게 '세상 사람들'의 평균적 이해가능성 속으로 성장하기 때
문에 발생한다. '세상 사람들'이 주도하는 세계로 진입하면
서 현존재는 본질적으로 평준화를 확산하는 다양한 규범과
척도를 습득한다. 평준화는 개개의 존재자들이 지닌 고유한
차이들을 희생시킴으로써 누구나 이해할 수 있고 접근할
수 있는 공공성을 제공한다. 세상 사람들이 지배하는 공공
적 세계에 빠져듦으로써 현존재는 자기에 대한 근원적인
이해를 상실하게 된다. 즉 퇴락의 경향성에 압도당하게 된
다. 이것은 어떠한 의지적인 선택의 과정이 아니다. "세상
사람들의 무근원성을 향한 퇴락은 적극적인 행위가 아니다.
그것은 중력장에서의 낙하[falling, 퇴락]와 같이 [자연스럽

게] 일어난다.”(BW 236, [ ]는 필자가 함)

드라이퍼스는 이러한 퇴락적 경향에의 순종을 불안에서 드러난 무지반적 세계로부터의 도피와는 구별해야 함을 역설한다. 또한 그는 전자, 즉 사회화의 과정에서 퇴락의 지배에 자연스럽게 순종하는 실존양태를 무차별성으로 간주하고 후자의 실존양태, 즉 불안에서의 자기도피를 비본래성으로 간주한다. 그런 분석을 받아들인다면, 무차별성은 공동체적 인간으로의 성장과정에서 ‘세상 사람들’로서 각자의 역할을 맡는 일상적 현존재에게 귀속되는 퇴락성을, 비본래성은 섬뜩한 자기를 적극적으로 은폐하기 위해 공공적인 사회의 가치규범을 자기 자신을 규정하는 제일의 척도로서 인수하는 실존양태를 가리킨다고 해석될 수 있을 것이다.

2.3. 수용과 비판

드라이퍼스의 퇴락에 대한 분석은 퇴락을 실존론적 – 존재론적 구조로서 인정하고, 어떻게 퇴락과 본래성을 양립시킬 수 있을 것인가에 대하여 중요한 답변을 제시하고 있다. 그에 따르면 존재론적 구조에 해당하는 퇴락으로서 제시된 세 가지 유형들, 즉 고려되는 세계에의 **몰입**, 평균적 이해 가능성을 전달하는 **언어사용**, 세계에 비추어 자기를 해석하게끔 유도하는 경향성(반사성) 등은 비본래성을 가리키는 것이 아니다. 그것들은 실존양태와 관계없이 모든 현존재에게 귀속되어야 할 중립적인 퇴락의 유형들이다. 그렇지만 '세상 사람들'의 퇴락성은 현존재로 하여금 이러한 퇴락의 중립적 성격에 머무르게 하지 않고 자연스레 현존재를 심화된 퇴락 속으로 몰아넣는다. 평균성과 평준화, 공공성을 띠는 사회의 퇴락화 성향은 현존재로 하여금 자기를 상실한 채 고려되는 세계에 **함몰**되게 하고, 평균적인 이해 가능성조차 전달하지 못하는 **잡담**에 몰두하게 하며, 자신의 존재를 사물적 존재자의 존재양식인 주체 또는 동일성을 지닌 자아로서 해석하게끔(**자기왜곡**) 만든다.

현존재는 세상 사람들이 지배하는 공공적 세계로 성장하고 또한 거기에 매몰됨으로써 자연스럽게 심화된 퇴락(함몰, 잡담, 자기왜곡)에 지배당하게 된다. 그와 같이 세상 사람들의 퇴락성으로 인하여 자기를 상실한 현존재를 드라이퍼스는 '무차별적 양태'로 규정한다. 그리고 현존재를 끊임없이 근원성으로부터 이탈시키는 퇴락성의 견인력에 저항함으로써, 자기를 상실하지 않은 현존재를 드라이퍼스는 '본래적인 실존양태'로 규정한다. 본래적인 현존재는 그렇지만 공공적인 세계를 초탈하는 것이 아니기 때문에 세상 사람들의 퇴락성의 영향으로부터 결코 자유로울 수는 없다. "현존재가 본래적으로 행위를 할 때조차도, 현존재는 공공적 규범에 따라 유의의한 것을 해야만 하고 공공적인 도구를 사용해야만 한다. 그러므로 현존재가 하는 모든 것에는 근원성으로부터 떨어뜨리는 끊임없는 견인력이 있다. 퇴락에의 저항은 끊임없는 노력을 요구한다."(BW 236)[64] 더욱 깊은 퇴락으로 끊임없이 잡아끄는 공공성의 지배력으로부터 현존재는 벗어날 수 없다. 순전히 공공성에 지배되고 있는 자가 무차별적 현존재라면, 공공성의 지배에 저항함으로써 자신의 존재를 망각하지 않는 자가 본래적인 현존재이다. 그렇지만 본래적인 현존재 역시도 공공성의 영향력으로부터 벗어날 수는 없다는 점에서 퇴락하여 있다.

드라이퍼스에 따르면, 무차별성과 비본래성은 동일하지 않다. 비본래성은 불안에서 개시되는 무지반적 세계의 섬뜩함에 마주해 있는 자기로부터 도피한 결과로 일어난다. 그리고 무차별적 일상성, 즉 세상 사람들이 공공의 세계에 퇴락하여 있는 것은 자기도피의 결과가 아니라 타인들과 더불어 사는 인간으로 성장하기 위한 사회화의 결과일 뿐이다. 드라이퍼스의 분석대로 퇴락 및 도피와 그에 상응하는 실존양태들 간의 관계를 정리하자면 다음과 같다.

---

64) 이러한 '퇴락에의 저항' 및 '끊임없는 노력'은 앞서 셋째 입장의 비판 부분에서 논의되었던 비본래성에의 경향성과 본래적인 자기의 상기 간의 다툼과 전적으로 동일한 맥락이다.

퇴락의 유형들	실존 양태
구조적인 퇴락: 몰입, 언어 사용, 반사성	본래성, 무차별성, 비본래성[65]
심화된 퇴락: 함몰, 잡담, 자기왜곡	무차별성, 비본래성
(불안에서 개시된 섬뜩한) 자기로부터의 도피	비본래성

퇴락의 제 유형들에 대한 탁월한 분석에도 드라이퍼스의 해석에 대하여 몇 가지 문제를 제기해야 할 것 같다. 첫 번째 문제는 불안기분에서의 자기도피와 퇴락의 관계에 대한 드라이퍼스의 해석에 대한 것이다. 그는 자기도피의 결과가 퇴락이라는 하이데거의 설명을 받아들이게 된다면, 퇴락을 구조적으로 떠안고 있는 본래적인 현존재조차도 자기를 도피한 셈이라는 모순적인 결과를 초래하게 된다고 주장하면서, 자기도피와 퇴락의 분리를 시도한다. 또한 퇴락의 엄습으로부터 적극적으로 자기도피한 자를 비본래성으로 파악하고, 단지 사회화의 과정에 따라 세상 사람들로 성장하게 되었을 뿐인 자를 무차별성으로 파악하여 양자의 구별을 시도한다. 그러나 드라이퍼스의 불안에 대한 이해에는 다소간 납득하기 어려운 부분이 있다. 드라이퍼스는 마치 불안이라는 기분에 사로잡혀 섬뜩한 자기로부터 도피하

---

65) 무차별성과 비본래성이 본래성과 마찬가지로 구조적인 퇴락만을 유지하며 심화된 퇴락을 거부할 수 있다는 의미에서 이러한 양태들을 '구조적인 퇴락'과 나란히 위치시킨 것은 물론 결코 아니다. 다만 이러한 양태들도 구조적인 퇴락의 유형들을 지니고 있기 때문에 심화된 퇴락의 유형들을 갖게 된다는 사실을 강조하려는 것뿐이다.

기를 적극적으로 선택하는 자만을 비본래적 현존재로 간주하는 것 같다. 그러나 하이데거에게 불안은 근본적 정황성이며, 현존재는 그때마다 불안이라는 정황성에 처해 있다. 그런 점에서 드라이퍼스의 도식에서 무차별성으로 분류되는, 단지 세상 사람들로 성장하게 된 실존양태 역시 그때마다 계속해서 불안으로부터 도피하고 있는 것으로 간주되어야만 한다. 불안에의 엄습에 대한 특별한 경험이 전혀 없다는 사실 자체가 오히려 불안으로부터의 도피를 반증하는 것이다. 세상사에 깊이 빠져 들어가 있는 사람일수록 불안에 사로잡히지 않는 법이다.66) 그런 점에서 무차별성과 비본래성을 적극적인 자기도피의 경험 여부에 따라 판별하려는 시도는 명백히 불안에 대한 오해에 기인한 오판이다. 하이데거가 무차별성과 비본래성을 구별하는 것처럼 보일 때가 분명 간혹 있지만(SZ 53, 232 L 229), 그가 양자의 구별에 별 본질적 의의를 부여하고 있다고는 생각되지 않는다.

또한 이와 더불어 하이데거가 말하는 불안에서의 자기도피를 심리학적인 현상으로 간주하면서 이것과 퇴락을 엄밀히 분리시키려는 시도 역시 무리가 있다. 고려되는 세계에

---

66) 이에 대하여 하이데거는 「형이상학이란 무엇인가?(Was ist Metaphysik?)」에서 다음과 같이 말하고 있다. "불안의 숨결은 현존재를 통해 끊임없이 울린다. 그것은 '두려워하는' 자를 통해서 가장 적게 울릴 것이고, 분주한 자의 '그래, 그래', '아니야, 아니야'에서는 거의 울리지 않는다. 또한 그것은 자제하는 자를 통해서 가장 쉽게 울리고, 근본적으로 과감한 자를 통해서 가장 확실하게 울린다."(W 116)

의 몰입이라는 퇴락의 유형과 자기도피를 동일시할 경우, '몰입하는 본래적인 현존재'가 불가해한 개념이 된다는 드라이퍼스의 지적은 분명 틀림없으며 그런 한에서 드라이퍼스의 비판은 전적으로 옳다. 그러나 그렇다고 해서 자기도피를 심리학적 요인으로 해석하고 퇴락과 분리시켜야 한다는 결론이 도출될 필요는 없다. 그보다는 자기도피를 퇴락의 심화된 양상에만 귀속시키고 완화된 퇴락 혹은 구조적 퇴락에는 자기도피를 귀속시키지 않는 편이 훨씬 설득력이 있을 것이다. 바로 카르멘(2000)이 그러한 분석을 선보인다. 그는 본래적 실존의 불가능성에 대한 드라이퍼스의 문제의식을 수용하면서도 퇴락과 도피를 분리하려는 드라이퍼스의 입장에 수정을 가하면서 하이데거의 원전에 더욱 충실한 분석을 시도한다. 카르멘은 퇴락과 도피를 단적으로 분리하기보다는 도피를 퇴락의 심화된 양태로 파악하는 것이다. "불안의 도피는 단지 무작위적인 심리학적 이상현상이 아니라 퇴락의 '강화된' 혹은 '악화된' 양태이다. 퇴락과 도피에는 직접적인 개념적 구별이 있으나 그 구별을 만들어내는 것은 점진적인 차이이다."[67] 그럴 경우 드라이퍼스의 해석과 같이 자기도피와 퇴락을 상호 별도의 관계로 파악하지 않으면서도 드라이퍼스가 시도했던 비판의 요지는 충분히 살림으로써, 결의한 현존재가 고려되는 세계에 몰입하

---

67) Taylor Carmen, 같은 논문, 14쪽 참조.

더라도 자기를 도피한 것이라고 말할 수 없지만, 세상 사람들로 성장한 현존재가 고려되는 세계에 순전히 함몰되어 있을 때에는 퇴락의 악화현상으로서 자기를 도피하는 것이라고, 다시 말해서 비본래적으로 실존하는 것이라고 적법하게 말할 수 있는 것이다. 이러한 비판을 통해서 퇴락의 유형과 자기도피 및 본래성과 비본래성의 관계를 수정하여 도식화하면 아래와 같다.

퇴락의 유형들	실존 양태
구조적인 퇴락: 몰입, 언어 사용, 반사성	본래성, 비본래성
심화된 퇴락: 함몰(불안기분에서의 자기도피), 잡담, 자기왜곡	비본래성

두 번째로 제기되어야 할 문제는 존재자에의 적극적인 몰입이 초래하는 자기상실 혹은 자기망각(SZ 354)이 어떻게 본래성, 즉 '자기 자신으로 있음'과 공존할 수 있는가에 대한 해명을 드라이퍼스는 제공하고 있지 않다. 분명히 그는 양자가 공존 가능함을 적시하고 있지만 말이다(BW 228). 본래성의 실존양태에서 허용 가능한 적극적인 몰입에 의한 자기상실, 이것과 함몰이라는 심화된 퇴락의 한 양상에 부대하는 비본래성이라는 의미에서의 자기상실, 이 양자는 결코 동일시되어서는 안 되지만 이 점이 드라이퍼스에게서는 명료하게 부각되고 있지 않다. 따라서 이하의 퇴락 분석에서는

이것이 어떻게 가능한지가 해명되어야만 할 것이다.

마지막으로 제기되어야 할 문제는 둘째 입장을 다루면서 부수적으로 제기되었던 불안과 무 그리고 허무주의의 문제와도 관련되는 것이다. 요컨대 드라이퍼스의 분석은 결국 허무주의로 귀착하게 된다는 점이다. 드라이퍼스의 퇴락분석만으로는 결코 허무주의로부터 벗어날 수가 없다. 왜냐하면 드라이퍼스의 분석과 같이 본래적인 현존재에게 단지 구조적인 퇴락을 허여하는 것만으로는 불안을 통해 드러난 세계의 무의미성에 따른 허무를 어떻게 본래적인 현존재가 벗어나서 다시금 개별 존재자와의 교섭에 적극적으로 몰두할 수 있을 것인지가 해명될 수가 없기 때문이다. 본래성에는 비본래적인 현존재에게 적용되는 악화된 퇴락을 벗어나는 것, 그것 이상의 무언가가 있으며, 이 점을 지적해 주어야만 어떻게 본래적인 현존재가 허무로부터 이탈하는지가 해명될 수 있다. 우선 간략히만 시사하자면, 드라이퍼스는 존재자 그 자체의 고유한 개현에 따른 근원적인 교섭과 그것을 통한 삶의 충만감을 고려하지 못하고 있는 것이다. 바로 그러한 까닭에 드라이퍼스는 궁극적으로 "불안을 겪음으로써 자신의 모든 선택이 무의미함을 깨달은 현존재가 어떻게 유의미한 선택을 발견함으로써 적극적으로 존재자와의 교섭에 몰입할 수 있는가?"에 대한 의문을 제기한다 (BW 332).[68] 즉 드라이퍼스의 해석에서는 하이데거의 실존론적 분석론이 결국 허무주의로 귀착할 수밖에 없다. 따라서 향후에는 이 문제에 대한 적절한 답변이 충실하게 제시되어야만 할 것이다.

3. 의존성 및 공공성, 세상 사람들에 대하여

현존재의 존재 구성틀은 세계-내-존재이다. 이 말은 현존재가 세계로부터 구별된 독단적 자아가 아님을 의미한다. 하이데거는 이따금 아예 현존재 자신이 세계라고도 말한다. "현존재는 실존하면서 자신의 세계로 존재한다."(SZ 364) 이렇게 필연적으로 현존재에게 속해 있는 세계의 존재론적 구조를 이해하기 위해서 일상적인 하나의 예를 들어보고자 한다. 어떤 이가 친숙한 자기 집의 현관문을 열고, 방에 들어가, 의자에 앉아서, 책상 위에, 한 권의 책을 펼친다고 하자. 이때 그는 현관문과 방, 의자, 책상, 책 등―그 밖의 명명되지 않은 이런저런 존재자들까지도 모두 포함하

---

68) 이러한 드라이퍼스의 의문제기에 대하여 대단히 세밀하게 비판하고 있는 브래큰 (William F. Bracken)의 논문 참조. 논문 전체가 본래적인 현존재의 행위 가능성에 대한 드라이퍼스의 의구심에 대한 비판으로 이루어져 있다. William F. Bracken, "Is There a Puzzle About How Authentic Dasein Can Act?: A Critique of Dreyfus and Rubin on Being and Time, Division Ⅱ", *Inquiry* Vol.48 No.6, Dec. 2005.

여—상호 간의 지시적 연관성을 이미 전체적으로 열어젖히고 있는 것이다. 현존재는 자기 자신의 존재를 중심으로 세계 내부적 존재자들의 존재연관을 이렇게 전체적으로 지시하면서 존재한다. 문이 방을 지시하고 방이 의자와 책상을 지시하며, 의자는 책상을, 책상은 다시금 책을 지시한다. 지시연관은 최종적으로 '책을 읽는다'는 가능성으로 스스로를 기획 투사하는 현존재의 실존이유(Worumwillen)로 귀착된다. 하나의 책을 펼친다는 사소한 행위를 하기 위해서도 그 행위자에게는 자신이 처하여 있는 주위세계의 지시적 존재연관 전체가 이와 같이 미리 개시되어 있지 않으면 안 된다. 현존재가 이와 같이 특정한 가능성으로 스스로를 기획 투사하기 위하여 선행적으로 개시되어 있어야만 하는 지평이 바로 세계이다. 세계는 지금의 예로써 설명하였던 주위세계의 지시적 존재연관이라는 것만으로 이루어지는 것은 아니며, 그 밖에도 환원되기 어려운 다양하고 복잡한 의미의 연쇄로 구성되는 일종의 존재자 전체의 전체성이다. 현존재는 이러한 존재연관의 전체성인 세계에 그때마다 의존하여 있다.

- "현존재는, 그가 존재하는 한, 그때마다 이미 만나게 되는 하나의 '세계'에 의존했으며, 그의 존재에는 본질적으로 이러한 의존성이 속한다."(SZ 87)
- "실존론적으로 정황성에는 그로부터 다가오는 것[세계 내부적

존재자]이 만나게 될 수 있는 그런 세계에 대한 개시적 의존성이 놓여 있다."(SZ 137)

그런데 현존재가 존재자 전체의 존재연관에 의존한 채로 실존하는 한, 필연적으로 그는 이 밖에도 또한 공공성에 의지하지 않을 수가 없다. 공동존재(Mitsein), 나아가 상호적 공동존재(Miteinandersein)로서의 현존재가 개현하는 세계는 공동세계(Mitwelt)이기 때문에, 현존재의 이해 가능성의 일차적인 원천은 공공성일 수밖에 없다.

- "공공성은 우선 모든 세계해석과 현존재 해석을 규제하며 모든 것에서 권한을 지닌다."(SZ 127)
- "세상 사람들-자기가 유의의성의 지시연관을 분절한다."(SZ 129)
- "현존재는 우선 일상적 해석양식 속으로 성장해 가지만, 그로부터 결코 탈출할 수도 없다. 모든 진정한 이해, 해석, 전달, 재발견 및 새로운 취득은 이 일상적 해석양식 안에서(in), 또 거기로부터(aus), 그것에 대립해서(gegen) 수행되는 것이다."(SZ 169)

앞서 들었던 사례를 다시 활용해 보자. 문을 열면 방으로 들어갈 수 있다는 사실, 방으로 들어가면 의자에 앉을 수 있다는 사실, 의자에 앉으면 책상 위에서 책을 펼칠 수 있다는 사실 등을, 현존재는 '책을 읽는다'는 가능성으로 스스로를 기획 투사함과 더불어 이미 알고 있다. 그런데 이러한 기초적인 앎의 원천은 어디인가? 그것은 해당 현존재

가 사회문화적으로 속해 있는 공동체의 특정한 해석양식이
아닐 수 없다.

　현존재는 현 사실적으로 존재하는 한, 존재자 전체에 의
존하여 있다. 그리고 현존재는 존재자 전체에 의존하고, 나
아가 상호적 공동존재로서 실존하면서 타인들에게 의존하
는 한, 공공성에 의지하지 않을 수 없다. 존재자에 대한 공
공적 해석은 시대와 지역과 문화의 차이에 따라 상이할 수
있다. 어쩌면 특정한 존재자에 대해서는 경우에 따라 초역
사적, 초문화적인 해석이 가능할 수도 있을 것이다. 하지만
현존재 자체는 결코 초역사적으로 또는 초문화적으로 존재
할 수 없다. 피투된 자로서의 현존재의 이해는 언제나 자신
의 고유한 정황 내에 처해 있는 가운데 이루어지는 이해이
다. 다시 말해서, "하늘 아래 새로운 것은 없다." 유한한
인간에게 무로부터의 창조란 불가능하다. 본래적인 현존재
에게도 그가 처해 있는 존재자 전체의 존재연관의 의의는
공공적 해석양식으로부터 분리되지 않는다. 본래적인 현존
재가 공공성을 벗어난 어떤 전적으로 새로워 **보이는** 행위
를 내놓는다고 하여도, 그 행위는 역설적으로 누구나 받아
들일 수 있을 만한 전제들을 통해서만 그 행위의 의의를
획득하게 된다. 다시 말해서 전적으로 새로워 보이는 행위
조차도 공공적인 전제들에 기반을 두지 않을 수가 없다. 헬
트(1996)가 잘 지적하고 있는 바와 같이 "오직 전제들에의

의존을 통해서만 새로운 행위방식을 정당화할 수 있다. 만
인에 의해 자명하게 받아들여지기 때문에 올바르다고 생각
되는 그런 전제들 말이다."69) 특정한 행위가 어떠한 공공
적인 전제들로부터도 벗어나 있다면, 그 행위는 타인들에게
아무런 의미도 지니지 못할 것이다. 현존재는 역사적으로
전수되는 삶의 지반을 제 맘대로 선택할 수 없으며 그저
자신에게 주어지는 것을 인수해야 할 따름이다. 이것은 바
로 양심이 우리에게 일깨우는 진실, 즉 자신의 존재근거를
자신이 놓지 않았으면서도 이를 떠맡아야만 한다는 자신의
고유한 책임을 각성하도록 촉구하는 침묵의 목소리가 알려
주는 바의 하나이기도 하다.70)

---

69) 지극히 현상학적 관점에서 본래성과 정치적 행위에 대하여 숙고한 클라우스 헬
트(K. Held)의 탁월한 논문 "Authentic Existence and the Political World",
trans. by Amy Morgan & Felix 'O Murchadha, *Research in Phenomenology*,
Volume 26, Number 1, 1996, 48쪽 참조. 헬트는 공공적인 전제들의 총체적 상호
연관을 그리스인들의 명명을 따라 에토스(ἔθος)라고 부른다. 그의 분석에 따르면 안
정된 삶의 지반으로서의 에토스는 예측 불가능한 돌발적 경이의 순간인 카이로스(κα
ιρός)와 더불어 본래적인 행위를 이루는 두 근본요소이다. 특히 47~49쪽 참
조. 또한 뮐러 역시 이와 상당히 유사한 방식으로 "구체적인 결단은 두 개의 뿌
리로부터 '함께 자라난' 것이다. 그 두 개의 뿌리란 보편적인 질서에 대한 인식
과 순간적인 결단에 대한 인식이다."라고 말한다. 막스 뮐러, 같은 책, 94쪽 참
조. 밑줄은 필자가 함. 헬트 식으로 말하자면 전자가 '에토스', 후자가 '카이로
스'이다.

70) 하이데거가 인용하는 그리스 신화로부터 그러한 예를 발견할 수 있을 것 같다.
오이디푸스는 자신이 부왕을 살해하고 어머니와 동침했다는 사실을 확인하고서
자신의 눈을 찌르고 장님이 되어 왕좌를 버린 채 방랑길을 택한다. 또한 안티고
네는 죽은 오빠의 장례를 치르기 위해서 장례를 금지한 왕의 지침에 거역하고
스스로 죽음의 길을 택한다. 오이디푸스와 안티고네의 행위는 공공적 규범이나
가치질서 속에서의 안정된 삶에 머무르기를 거부했던 것이다. 그들은 자신의 상
황을 투명하게 꿰뚫어보고 그로부터 주어지는 자신의 존재 가능성을 역운

그럼에도 공공성이 이해 가능성과 해석의 일차적 원천이라는 '긍정적'인 측면을 무색하게 할 만큼, 하이데거 자신의 공공성에 대한 발언은 '부정적'인 언사들로 가득하다. 하이데거는 일상적 현존재가 누구인가를 분석하는『존재와 시간』제27절에서 일상적 자기존재를 '세상 사람들 - 자기(das Man - selbst)'로 파악한다. 세상 사람들은 일상적인 존재 가능성을 철저히 지배하는 타인들이다. 현존재는 우선 대개 이러한 타인으로서 존재한다. 분명 우리는 각기 '나' 자신으로 실존하고 있지만 그럼에도 그때의 '나'는 본래적으로 구현되어야만 할 나 자신이 아닌 타인이다. 이때의 타인은 특정한 타인을 가리키지 않으며 실상은 그 누구도 아닌 아무나를 가리킨다. 이러한 너도 나도 아닌 세상 사람들이 바로 공공성을 구축한다.

그런데 그러한 '공공성'은 어떠한 두드러진 특징들을 갖는가? 공공성이 지니는 두드러진 특징들을 파악할 때, 우리는 왜 한편으로 공공성이 "긍정적" 측면을 지님에도 불구하고 하이데거에게서 은근히 폄하되고 있는지를 추측해볼 수 있

(Geschick)으로서 떠맡았다. 하지만 그렇다고 해서 그들의 행위가 공공성으로부터 단적으로 벗어나는 것은 아니다. 그들의 선택은 범용한 상식의 수준에 머무르지 않았을 뿐, 공공의 규범과 질서 및 가치척도 등의 본질을 그 밑바닥까지 헤아려보고서 최선이라 확신하는 선택을 내렸던 것이다. 결의한 현존재에게 공공적 세계는 자신의 삶을 견고하게 지켜주는 보호막이 되어줄 수 없다. 공공적 세계는 무근거적 심연 위에 쌓아올려져 있다. 본래적인 현존재는 공공적 세계라는 거대한 퇴적물로부터 자신의 고유한 상황을 환하게 들추어내고자 분투하지만 결코 그런 퇴적물이 제거될 수는 없는 것이다. EM 제41절 및 lster 제17절 참조.

다. 그에 대해 세상 사람들의 공공성은 '격차성(Abständigkeit)', '평균성(Durchschnittlichkeit)', '평준화(Einebnung)' 등으로 특징지어진다(SZ 127). 현존재는 한편으로 타인과의 차이에 대하여 우려하면서 때로는 타인과의 차이를 균등하게 하려고도 하고 때로는 격차를 벌여 우위를 점하려고도 한다. 이러한 차이는 그렇지만 각자의 실존의 고유한 차이가 아니라 공공적인 가치질서 내에서의 서열에 해당될 뿐이다. 그러므로 이러한 격차성은 역설적으로 평균성에 의거하고 있는 것이다. 세상 사람들은 남들이 평균적으로 당연하게 간주하는 것, 타당하게 여기는 것, 성공적이라 인정하는 것에 머물며 모든 예외를 감시하고 억압하는 식으로 평균성의 지배하에 놓여 있다. 또한 이러한 평균성은 평준화를 낳는다. 평균성으로 인하여 존재자로부터 근원적으로 취득된 존재 이해의 고유함은 추상적인 차원으로 소멸되어버린다. 다시 말해서 평균성의 결과, 모든 근원적인 것과 비밀(Geheimnis)은 그 위력을 상실하고 범용한 것이 되어 버리며 감행하는 자의 쟁취물(Erkämpfte)이 일상품으로 전락하는 식으로 평준화가 만연하게 된다.

이로부터 우리는 공공성에는 구별될 필요가 있는 두 주요 성격이 있음을 확인한다. 앞서 말한 '긍정적', '부정적' 성격이 각기 상응하는 것으로서 '공공성의 삶의 근본전제로서의 특성'과 '세상 사람들의 공공성의 두드러진 특징들'

말이다. 공공성은 한편으로는 존재자의 존재이해의 저변에 놓여 모든 해석적 양식을 지배하는 원천으로서 작용하지만 다른 한편으로는 격차성, 평균성, 평준화를 특징으로 갖는 세상 사람들의 횡포로서 작용하기도 하는 것이다. 현존재가 존재자 전체에 의존하며 타인들과 더불어 존재하는 한, 이 두 성격은 늘 공히 현존재를 사로잡고 있다. 그러나 본래적인 현존재에게서 세상 사람들의 횡포에 따른 공공성의 두드러진 특징들은 제거되지는 못할지라도 최소화된다. 왜냐하면 그들은 세상 사람들에 떠넘겨진 고유한 책임을 다시금 자신에게로 되가져온 자들, 즉 자신의 존재론적인 '탓'을 뿌리깊이 자각한 자들이기 때문이다.

세상 사람들은 삶의 안정된 지반으로서 공공의 세계를 받아들이고 거기에 안주하도록 이끎으로써, 현존재에게 독자적인 피투적 현 사실성의 섬뜩한 존재부담—'내가 존재한다!'는 바로 그 사실의 중압감—으로부터 '현실적인' 문제들로 시선을 돌리게끔 만든다. 세상 사람들의 공공성 속에서 안정된 지반을 구축한 현존재는 모든 친숙하지 않은 것을 멀리하게 된다. 그 결과 현존재는 세계 내부적인 존재자의 의의들을 무너뜨리는 불안이 현시하게 되는 본래적인 자기존재의 가능성을 스스로 차단하게 된다. 이렇게 세상 사람들이 현존재를 장악할 때 그는 세상 사람들이 가져다 주는 격차성과 평균성 및 평준화의 지배하에서 스스로 안락함을 누린다는 환상 속에 사로잡히게 되지만, 그것은 실존론적 분석론에 의거해 보건대 단지 비본래성의 나락으로 떨어지는 것에 불과하다. 하이데거가 공공성을 설명하기 위해서 '부정적인' 언표들을 사용했던 것은 '세상 사람들의 공공성의 두드러진 특징들'이 바로 이와 같이 자기도피를 초래하는 힘을 갖기 때문이다.

4. 몰입의 두 방식에 대하여

　드라이퍼스의 퇴락분석에서 제시된 퇴락의 제 유형들 가운데 가장 두드러진 현상은 몰입이다. 그가 언급하는 '반사성' 역시도 몰입의 결과라고 할 수 있다. 여기에서는 몰입에 대하여 가능한 한 구체적인 분석을 제공하고자 한다. 현존재는 늘 무언가에 몰입해 있다. 그렇게 몰입해 있는 현존재는 자신이 관계 맺고 있는 그 무엇에 입각하여 자기 자신을 이해한다. 하이데거가 '곁에-있는 고려함'이라든가 '몰입'이라는 용어로 가리키고자 하는 사태가 바로 이것이었다.

4.1. 고려되는 존재자에의 몰입

몰입은 관계되는 대상에 따라 '고려되는 존재자에의 몰입'과 '공공적 세계에의 몰입'으로 대별될 수 있다. 우선 전자를 살펴보자. 전자는 다시금 몰입의 심화 정도에 따라 '무관심적 일상성'의 몰입양상과 '도구세계에의 자기상실'의 몰입양상으로 구별될 수 있다. '몰입'은 일반적으로 통용되는 의미의 몰입, 즉 무언가에 특별히 관심을 집중하며 몰두하고 있는 상태만을 가리키지 않는다. 그저 무언가의 곁에-있음 자체가 이미 그 무언가에 몰입하도록 야기한다. 이를테면 어떤 이가 무심히 오솔길을 따라 걸으며 숲속을 산책하고 있을 때에도 그는 자기 자신을 바로 그러한 존재자로서 이해하고 있다. 이것이 '무관심적 일상성'의 몰입양상이다. 우리는 일생에서 제법 많은 시간 동안 이런 식으로 자기를 이해한다. 물론 여기서 말하는 '이해'란 명료하게 자기 자신을 어떠어떠한 존재라고 지성적으로 파악하는 의식적인 활동을 의미하는 것이 아니라 그에 선행하여 이루어지는 세계개시성 및 자기개시성의 차원에서의 이해를 의미한다.

한편, 우리는 특정한 작업세계에 적극적으로 빠져들 때 '도구세계에의 자기상실'에 이른다. 하이데거 자신이 인용하는 구두장이의 예처럼 자신의 작업 도구와 재료 및 제작될 제품 등에 열렬하게 빠져 있는 구두장이의 경우가 이러한 몰입양상에 해당한다(GP 227). 이러한 양상의 몰입은 직접적으로 도구와 대면하는 작업활동 일반을 포괄한다. 그런데 중요한 점은 '무관심적 일상성'의 몰입양상과 '도구세계에의 자기상실'의 몰입양상이 구조적 퇴락과 심화된 퇴락의 구별과 같은 선상의 구별에 놓여 있는 것으로 오해되어서는 곤란하다는 것이다. 심화된 퇴락은 본래성과의 양립이 불가능한 반면, '도구세계에의 자기상실'의 몰입양상은 본래성과의 양립이 가능하다. 만일 이를 본래성과 대치되는 것으로 이해한다면 실질적인 작업행위들은 모두 비본래성으로 넘겨져야만 할 것이다. 그럴 경우 다시 본래성에게서 행위의 수행 및 지속성을 박탈하게 될 것이며 이때는 앞서 우리가 비판했던 입장들이 겪었던 문제에 우리가 봉착하게 될 것이다.

이러한 인식이 드라이퍼스에게 제기된 두 번째 난점을 해소할 단초를 제공한다. 즉 몰입활동에서의 자기상실 혹은 자기망각과 본래성이 어떻게 양립할 수 있는가라는 문제에 대한 실마리를 준다. 하이데거는 명백히 "도구세계로 '빠져' '현실적으로' 작업을 시작하고 다룰 수 있기 위해서는 자기가 망각되어야만 한다."고(SZ 354) 말하지만, 이러한 자기망각이 필연적으로 불안의 순간에 근원적으로 드러나는 자기를 총체적으로 망각하고 상실한다는 것을 뜻하지는 않는다. 우리가 단순히 의식의 수준만을 고려한다면, 도구세계에의 열중과 몰두는 분명 자기 자신을 망각함을 수반한다. 자기 자신의 상태에 대한 표상이 구체적으로 의식에 나타나게 된다면, 그것은 특정 작업에의 몰두에 방해가 되기 십상이다. 하지만 이러한 의식적 수준에서의 자기망각과 비본래적으로 실존한다는 의미에서의 자기망각은 구별되어야만 한다. 후자의 자기망각은 단순히 의식적 수준에 관계하지 않으며 실존 전체에, 다시 말해서 정황성과 이해라는 두 근본 개시성으로 이루어지는 현존재 전체에 관계한다. 따라서 의식적 수준에서 자기를 망각한다는 의미에서의 '도구세계에의 자기상실'이라는 몰입양상은 비본래적으로 실존한다는 의미에서의 자기를 망각한 자에게서도 나타날 수 있고, 뿐만 아니라 본래적으로 실존하는 자에게서도 나타날 수 있는 것이다. 하이데거 자신은 이러한 구별에 대해 명시한 적이 없으며 이를 특별히 인식하지 못했을 가능성이 농후하다. 어쩌면 본래성에 관한 해석상의 혼란들은 바로 이 지점에서 비롯되는 것인지도 모른다. 그러나 어찌되었든지 간에 이 구별을 인정하지 않는다면, 실제적 활동을 겸비하는 본래성의 지속성이란 실질적으로 공허한 담론에 불과한 것이 되고 만다.

이러한 맥락에서 하이데거가 '도구세계에의 자기상실 혹

은 자기망각'을 비본래성과 단적으로 동일시하는 경우, 아마도 이는 상기의 구별에 대한 명료한 인식의 부재에서 유발하는 착오리라 사료된다. 그럼에도 그것은 퇴락으로 간주될 수 있다. 왜냐하면 바로 그러한 몰입은 끊임없이 현존재로 하여금 근원적인 자기를 망각하도록 잡아끌기 때문이다. 이렇게 몰입에 의해서 근원적인 자기가 총체적으로 망각된다면, 그러한 근원적 자기망각은 곧 드라이퍼스가 몰입의 심화된 퇴락양상으로 분류하였던 '함몰'에 상응한다고 볼 수 있다. 그러나 이러한 몰입이 함몰로 이어지는 것이 필연적인 일은 아니다. 흡사 몰아지경에 해당하는 도구세계에의 몰입에 의한 의식적인 수준에서의 자기망각을 **존재자적 망각**으로, 불안에서 드러나는 근원적인 자기의 총체적 망각을 **존재론적 망각**으로 칭하여 구별한다면, 존재자적 망각하에서도 불안에의 용기(Mut)를 간직하면서 존재론적으로는 망각상태에 빠지지 않을 수도 있는 것이다.

4.2. 공공적 세계에의 몰입

한편, 고려되는 존재자에 몰입하는 현존재는 항상 또한 공공적 세계에의 몰입을 동반하고 있다. 이는 앞서 존재자 전체에 의존하는 현존재가 이미 또한 공공적 해석양식에 의지하며 살아간다는 이야기와 일맥상통하는 것이다. 현존재는 고려되는 이런저런 존재자에 몰입함과 더불어 공공적 세계에 몰입함으로써 자신을 세상 사람들로서 이해하게 된다. 이를테면 대개의 경우 자신의 정체성은 국적을 비롯한 특정 집단에의 소속감, 직업상의 신분이나 지위, 가정환경, 종교, 가족과 친지 및 친구 등 주변 인물들 등 다양한 공공적인 해석양식으로부터 규정된다. 이렇게 파악되는 '나' 역시도 분명히 진짜 '나'임이 틀림없다. 이것을 부인할 수는 없다. 그럼에도 그러한 '나'는 나의 고유한 존재자체로부터 파악된 나의 모습이 아니라 공공적 세계로부터 외면적으로 주어지고 우연적으로 설정된 나의 모습이다. 저런 식의 수식어구로는 아무리 많은 미사여구를 가져다 붙인다 한들 누구에게도 양도 불가능하게 자신에게 소여된 유일무이한 '나'를 파악할 수 없다. 나의 국적, 소속, 가정환경 등을 비롯한 공공적 해석으로부터 규정되는 나의 정체성은 그런 점에서 가장 고유한 자기존재에 대한 규정이 될 수 없다. 저러한 규정들로부터 내가 파악될 때, 그렇게 파악된 '나'는 언제든지 타인들에 의해 대리될 수 있거나 또는 그것이 반드시 '나'이어야만 할 어떠한 필연적 이유도 발견할 수가 없는 그런 '나'에 불과하기 때문이다. 그렇다면 그것은 '여기 있는 이 존재자'의 존재에 대하여 가장 고유한 규정일 수 없다. 이와 같이 타인들과 더불어 살아가는 공공적 현존재는 자기의 존재를 자신이 몰입해 있는 사회문화적 세계 내에서의 신분과 지위로부터 파악한다. 이것이 바로, 하이데거의 용어로 말하자면, '세상 사람들 – 자기'로서 실존하는 것이요 공공적 세계에의 몰입인 것이다. 본래적인 현존재 역시도 이러한 몰입방식으로부터 벗어날 수가 없다. 그 역시도 이 사회가 제공하는 공공적 명칭을 부여받고 특정한 직함을 달고서 살아간다. 그러나 그에게는 그러한 공공적인 제 규정들이 자신의 가장 고유한 존재를 결정할 수는 없는 것임을 명백하게 인지하고 있다. 이 점에서 비본래적인 현존재와는 현격한 차이를 갖는다.

앞 절에서 고찰한 몰입방식, 즉 고려되는 존재자에의 몰입과 지금 고찰한 공공적 세계에의 몰입, 이 두 가지 몰입방식은 물론 상호 배타적이기는커녕 오히려 상호 상승작용을 일으키면서 현존재를 비본래성으로 몰아간다.[71] 이러한 두 가지 몰입방식은 서로 긴밀한 상관관계에 놓인 채로 현존재를 그때마다 구속하고 있다. 즉 현존재는 우선 대개 '세상 사람들'로서 실존하면서 그와 더불어 고려되는 존재자에 몰입하며, 또한 그에 입각하여 한편으로는 자기를 공

---

[71] 하이데거 자신이 이들을 각기 별도의 명칭으로서 언급하지는 않으나, 양자를 구별되는 현상으로 암암리에 거론하고 있음을 확인할 수 있다. "세상 사람들 속에 몰입하고 고려되는 '세계' 곁에 몰입한다는 것은(Das Aufgehen im Man und bei der besorgten 'Welt') 본래적인 자기로 – 있을 – 수 – 있음으로서의 자기 자신 앞에서 현존재의 도피와 같은 것을 드러낸다."(SZ 245, 밑줄은 필자가 함)

공적으로 부여되는 정체성에 따라 이해하고 다른 한편으로는 사물과 같은 실체적인 자아로서 자기를 이해한다.

5. 비진리와 퇴락의 격랑에 대하여

이미 누차 언급되었지만 재차 강조하자면 현존재는 개시성이다. 현－존재의 현(da)은 자기와 세계가 개시되는 장소이다. 인간이 현존재라는 것은 인간이 그러한 장소에 들어서 있는 자, 즉 자기에게 세계를 개방하는 자임을 뜻한다. 이러한 개시함을 하이데거는 진리, 알레테이아(ἀλήθεια), 비은닉성(Unverborgenheit)이라고도 부른다. 그런 의미에서 세계－내－존재로서의 현존재는 진리－내－존재이기도 하다. 그러나 그러한 현존재는 또한 진리－내－존재이면서 동시에 비진리－내－존재이다. 어떤 점에서 그러한가? 하이데거의 말을 직접 들어보자.

세상 사람들에게 몰입함은 공공적 해석양식이 지배함을 뜻한다. 발견되고 개시된 것은 잡담, 호기심, 애매성에 의해 위장되고 폐쇄되어 있다. 존재자에게 향한 존재가 소멸되지는 않았지만 근절되어 있다. 존재자는 완전히 은폐되어 있지는 않지만 발견되자마자 동시에 위장된다. 존재자는 자신을 내보이지만 가상의 양태에서이다. 마찬가지로 이전에 발견된 것이 다시 위장과 은폐 속으로 되가라앉고 만다. 현존재는, 본질적으로 퇴락해 있으므로, 그의 존재구성틀상 '비진리' 안에 있다(SZ 222, 강조는 필자가 함).

이러한 진리와 비진리는 대등한 위상에서의 대립적인 관계는 아니다. 다시 말해서, 현존재가 진리 안에 있거나 비진리 안에 있다는 식으로 둘 중 하나라는 것이 아니다. 현존재는 개시하는 자라는 의미에서 진리 안에 있고, 또한 동시에 그러한 개시가 우선 대개 존재자 그 자체를 드러내지 못한다는 의미에서 비진리 안에 있다. 진리가 개시성을 가리킨다면, 비진리는 위장(Verstelltheit)과 은폐(Verborgenheit)를 가리킨다. 하이데거가 말하는 비진리란 우선적으로 존재자에 대한 근원적인 이해가 사상되어 버리는 것을 의미한다고 볼 수 있다. 그러한 의미에서 그는 라디오를 통한 청취경험을 이러한 비진리의 극단적인 사례로 들기도 한다. "그[라디오의 소유자]는 라디오를 소유하지 않은 자가 결코 할 수 없는 방식으로 사물에의 통로를 위장한다. 그는 가공하리만치 비진리와 가상을 현존재에게 가져온다."(EP 335) 위장과 은폐를 이끄는 것은 세상 사람들의 공공성이다. 공공적 세계에서 실존하면서 우리는 무수히 많은 존재자들을 스쳐 지나가게 된다. 하이데거가 살던 시대보다도 더욱 기술문명이 발달한 오늘날, 끊임없이 쏟아지는 공공적으로 소통되는 정보들로부터 그때마다 존재자 자체에 대한 근원적인 이해를 가진다는 것은 사실상 불가능하다. 더욱이 그것들 하나하나에 대하여 근원적인 이해를 가지려 하기보다는 오히려 피상적인 이해에 머무르는 것이 일상사를 살아가는 데 대개는 훨씬 더 유익하다. 하이데거에 따르면 공공성이 지배하는 세상 사람들의 세계 자체가 위장과 은폐로 뒤덮인 비진리의 터이다. 현존재가 사회적 존재로서 성장하는 한, 그는 비진리 내에 있게 된다. 세상 사람들의 공공적 해석이 비진리인 일차적인 원인은 세상 사람들은 존재자 그 자체에 대한 진지한 관심에 입각하여 존재자를 대하기보다는 늘 잡담, 호기심, 애매성에 휘둘리는 가운데 존재자를 대하기 때문이다.

그러한 비진리의 영역으로서의 공공의 세계는 불안으로부터의 안락한 도피처이기도 하다. 일상적인 현존재는 불안에서 드러나는 근원적인 세계의 현상으로부터 달아나 공공의 세계에 안주한다. 이것은 현존재 자신이 암암리에 피투적 현 사실성의 냉혹한 존재책임으로부터 달아나고자 할 뿐만 아니라, 사회적 존재로서 타인들과 공동의 세계에서 살아가기 위해서는 상호적 공동존재로서, 즉 세상 사람들로서 살아가지 않을 수 없기 때문이기도 하다. 그리하여 공공의 세계로의 퇴락은 마치 하나의 격랑과도 같이 강력하게 현존재를 비본래성으로 유인한다. 즉 '가장 고유하게 있을 ─수─ 있음'으로서의 본래적인 자기 자신을 망각하게끔 부

단히 잡아끈다. 하이데거는 이것을 '퇴락의 격랑(Bewegtheit)'
이라고 부르며 그 특징을 이하의 여섯 가지로 설명한다(SZ
177~179).

(1) 유혹적(versucherisch): 일상적으로 현존재는 잡담과 공
공적인 해석 속에서 살아간다. 현존재는 타인들과 잡담을
나눔으로써 점차로 무지반성으로 빠져 들어가고 공공적인
해석을 기준으로 자기 자신을 이해함으로써 본래적인 자기
자신을 상실하고 만다. 이런 식으로 "현존재는 자기 자신에
게 끊임없이 퇴락에의 유혹을 마련한다."

(2) 위안적(beruhigend): 공공적 해석은 현존재를 퇴락에
안주하게 하는 힘이 있다. 공공적 해석은 현존재에게 모든
것을 이해하고 모든 것을 지배하고 있다는 착각을 불어넣
어 주며 그 밖의 어떤 다른 특별한 가능성도 존재하지 않
는다는 것을 가르친다. 본래적인 이해 같은 것이 있으리라
는 생각 자체가 거부되며 세상 사람들로서의 삶에서 가장
진정하고도 충만한 삶을 구한다. 이러한 참칭된 확실성에서
현존재는 만족해하며 위안을 받는다.

(3) 소외적(entfremdend): 유혹적인 위안은 퇴락을 점차로
고양한다. 현존재는 급기야 '자기 자신의 가장 고유하게 있

을-수-있음'을 은폐한다. 즉 현존재는 자기 스스로 자기 자신의 존재를 소외시킨다.

(4) 포획적(verfänglich): 이러한 퇴락의 '소외'가 현존재에게 자신의 본래성과 가능성을 폐쇄시켜 버린다. 그로써 현존재는 비본래적 자기라는 존재양식으로 공고하게 몰아넣어져 포획된 채 그 안에 꽉 사로잡혀 있게 된다.

(5) 추락(Absturz): 이상의 퇴락의 성격들로 인하여 현존재는 본래적인 자기존재로부터 비본래적 일상성의 무지반성으로 추락한다. 그러나 자신이 추락했다는 사실은 공공의 해석에 의해 철저히 은폐된 채 오히려 현상이 전도되어 그것이 '상승'이나 '구체적인 삶'쯤으로 해석된다.

(6) 소용돌이(Wirbel): 추락한 현존재는 더 이상 자신의 가능성들을 본래적으로 기획 투사할 수 없다. 퇴락의 격랑은 마치 소용돌이와도 같이 끊임없이 현존재를 본래성으로부터 떼어내어 세상 사람들 속으로 휩쓸려 들어가게 만든다. 피투되어 있는 한 현존재는 그 누구라도 이러한 소용돌이로부터 빠져나올 수 없다.

공공성이 지니는 퇴락의 격랑으로부터 현존재는 벗어날

수 없다. 현존재는 비본래적인 삶으로 끊임없이 유혹받으며 거기에서 위안을 받고자 한다. 본래적인 삶 속에서 섬뜩함을 물리치고 얻을 수 있는 '기쁨(Freude)'과 '쾌활(Heiterkeit)'보다도 비본래적인 삶에서 누리는 공공성의 위안이 훨씬 얻어내기 쉽고 달콤하며 강력하다. 부와 명예, 권위 등으로 자신을 포장하고 본래적인 자기를 소외시킨 채 순전한 무지 반성으로 추락할 때 그때 오히려 성공한 삶을 살았다고 대접받는다. 그러나 퇴락의 격랑으로부터 어느 현존재도 빠져나올 수 없다는 사실이 곧 본래성의 불가능성을 의미하는 것은 아니다. 그러한 격랑 속에서도 굳건히 버티고 서는 용단(勇斷)을 내리는 자도 있기 때문이다. 퇴락의 소용돌이에 휩쓸리지 않기 위해서는 자기 자신의 자리에 든든한 말뚝을 박고서 버티어야만 한다. 현존재는 이 소용돌이로부터 빠져나올 수는 없다. 그러나 끊임없이 유혹의 소용돌이를 거스르면서 굳건히 버티어 설 수는 있는 것이다.

제 4 장
본래성과 퇴락의 양립

1. 제기된 부수적 문제의 해결

우리는 앞에서 둘째 입장을 분석, 비판하는 가운데 한 가지 부수적 문제가 제기되는 것을 확인한 바 있다. 푀겔러의 순간 개념 비판의 근저에 깔려 있는 문제는 불안과 무의미성 그리고 허무의 문제이다. 푀겔러의 문제제기는 불안의 섬뜩함을 인수하기로 결의한 현존재가 맞닥뜨리게 되는 세계가 무이기 때문에 현존재는 순간 속에서 어떠한 존재자와도 관계를 맺을 수 없다는 데에 그 핵심이 있다.[72] 푀겔러는 본래성을 안정적인 실존방식으로 인정하기보다는

---

72) 푀겔러는 후기의 사유만을 성숙하고 온전한 사유로 받아들이고 전기를 그 자체 고유한 사유로서 인정하기보다는 단지 후기로 나아가기 위한 사유도정에 놓인 선행적 단계에 불과한 것으로 파악한다. 그렇기 때문에 그는 후기사유의 관점에서 실존론적 분석론의 사유단계를 불완전한 것으로 파악하고 그 결함을 순간의 공허성에서 찾는다. 이렇게 볼 때 그의 문제제기는 일면 납득할 만한 것으로 보이기도 한다. 그러나 실존론적 분석론을 그 자체로 하나의 온전한 체계로서 인정하고 그 안에서 실존적인 관심사를 끝까지 추적해 나간다면, 푀겔러의 비판은 합당한 해석에 기초하여 있다고 말하기 어렵다. 이하의 논의를 통해서 이러한 사실이 밝혀질 것이다.

끊임없이 '비본래성을 뚫고 나와야'(DM 62) 한다고 말하면서 순간에서의 특정 행위 가능성을 인정하지 않는데, 이는 순간에서의 존재자적 관계 맺음이 불가능하다는 사실에 기인한다. 또한 그가 본래성의 구현을 일시적인 상태로서밖에 이해할 수 없었던 것 역시도 바로 순간에서의 존재자적 관계 맺음이 불가능하다는 사실에 기인하는 것이다. 왜냐하면 아무런 존재자적인 관계도 맺을 수 없는 상태로 현존재가 지속적으로 실존한다는 것은 그 자체로 불가능하기 때문이다. 그런데 그러한 순간에서의 존재자적 관계 맺음의 불가능성은 바로 세계가 불안기분에서 무의미한 것으로 드러나 버렸다는 사실에 그 결정적 원인이 있다. 따라서 푀겔러의 문제제기는 결론적으로 '본래적인 현존재는 세계가 무로서 드러나는 순간(Augenblick)에서 어떻게 유의미한 현 사실적 행위를 할 수 있는가'에 대하여『존재와 시간』의 구도에서는 적절한 답변이 구해질 수 없음을 지적하는 것에 다름 아니다.

그런데 우리는 드라이퍼스의 퇴락분석을 논하는 끝자락에서 그가 본래성을 단지 구조적인 퇴락에만 머물며 오용된 퇴락현상으로 추락하지 않고자 저항하는 상태와 암묵적으로 동일시함으로써 바로 이 문제에 봉착하게 됨을 확인하였다. 이러한 문제는 실상 하이데거 연구가들 사이에서 '영웅적 허무주의(heroischer Nihilismus)'라고 불리는 평가와도 상통하는 중요한 문제이다.[73] 그러한 평가에 따르면, 불안이 알려주는 삶의 진실을 체득한다는 것, 무를 나의 존재를 지탱하는 발판으로서 받아들이는 것, 다시 말해서 나의 존재를 지탱해 주는 발판은 아무것도 없다는 사실을 수용한다는 것은 극단적인 허무주의적 현실을 영웅적으로 감내해 내는 것이라고 한다. 달리 말하자면 본래성 그 자체가 이러한 영웅적 허무주의에 다름 아니라는 것이다. 그러한 영웅적 감내를 드라이퍼스는 납득하기 어려운 것으로 취급하는 것이다. 이러한 문제에 직면하여 본래성과 퇴락의 양립에 대한 구체적인 해명에 선행하여 지금 제기된 이 문제를 해결할 것이 요청된다. 퇴겔러의 문제제기, 드라이퍼스의 난점, 영웅적 허무주의라는 평가 등 이러한 유형의 문제제기는 공통적으로 오로지 본래성에 의해서만 밝혀질 수 있는 삶의 충만감이라는 요소를 포착하지 못한 데 근본적 원인이 있다. 따라서 여기에서는 그에 대한 인식을 위해서 우선적으로 불안이라는 근본기분을 전면적으로 고찰하고자 한다.[74]

불안의 엄습하에서 유의의성으로서의 세계가 붕괴되고 모든 세계 내부적인 존재자들이 기존의 의의들을 상실하게

---

73) Walter Schulz, "Über den philosophiegeschichtlichen Ort Martin Heideggers", in: Pöggeler, O. (Hrsg.), *Heidegger. Perspektiven zur Deutung seines Werkes*, Weinheim, Beltz, 1970, 115, 6쪽 참조. 프로인트(1944) 또한 이러한 평가와 상통할 만한 해석을 제시하고 있다. Ernest H. Freund, 같은 논문 참조.

74) 이하의 불안 분석은 『존재와 시간』뿐만 아니라 2년 뒤에 발표된 「형이상학이란 무엇인가?(Was ist Metaphysik?)」에 의존하고 있다.

됨으로써, 현존재는 특정한 존재자들에게 의지할 수 없고
단적으로 무로서의 세계에 의해 지배당한다. 이때 현존재는
자신의 모든 의지처를 상실해 버림으로써 고향을 잃은 것
만 같은 섬뜩함을 겪게 된다. 세계 내부적 존재자들이 모조
리 무화되어 버리는 현상에서 현존재는 단적으로 세계 - 안
에 - 있게 된다. 그 때문에 현존재는 우선 대개 이러한 불
안의 섬뜩함으로부터 달아나고자 하며 애써 불안을 아무것
도 아닌 것으로 지워 버리고자 한다. 하지만 그때 현존재는
더 이상 세계 내부적 존재자들에 집착하지 않고 철저하게
단독자로서 개별화되는 존재 가능성을 자신의 앞에 제시받
는다. 이렇게 개별화된 자기 자신의 존재가 곧 본래적인 자
기존재이다.

제시된 단독자로서의 자기 자신의 존재로부터 회피하지
않고 그 존재책임을 인수하게 된 현존재, 즉 본래적인 현존
재에게 세계는 더 이상 특정한 존재자들의 총체가 아닌 유
일무이한 존재자 그 자체로서 개현된다. "불안이라는 무의
밝은 밤에 비로소, 그것은 존재자이며 무가 아니라는, 존재
자 그 자체의 근원적인 현시가 가능해진다."(W 113) 불안
은 거기에서 내가 의존하고 있던 존재자 전체가 일거에 빠
져나간다는 점에서는 분명 일차적으로는 섬뜩한 현상이 아
닐 수 없다. 하지만 그러한 무화 속에서 현존재는 순전히
공허한 무에만 직면하는 것이 아니다. 그러한 무에 도피하

지 않고 마주설 때 또한 그것이 다시금 존재자가 그 자체
로서 열리게 됨을 확인하게 된다. 무화의 본질은 따라서 이
중적인 것인바, 그것은 '존재자 전체를 빠져나가게 함'과
더불어 '세계를 존재자 그 자체로서 끊임없이 현시한다'는
데 있다. 자기 자신을 포함한 존재자 전체가 미끄러져 빠져
나감과 더불어, 존재자 그 자체가 열리는 사태가 은폐와 위
장 없이 현존재에게 드러나는 현상은 오직 이러한 **근원적
으로 불안이 엄습하는 순간**에서만 이루어진다.

그런데 중요한 것은 근원적인 불안이 그와 같이 단지 순
간적으로만 일어난다는 사실에 놓인다는 사실이다.[75] 현존
재는 결코 근원적인 불안의 상태에 머물러 있을 수가 없다.
물론 근본적 정황성으로서의 불안을 고려해 보건대, 다소
모순적으로 들리겠지만, 현존재가 근본적으로 늘 불안에 처
해 있는 것은 틀림없다. 또한 현존재가 우선 대개 불안의
섬뜩함에 직면해 있는 자기 자신으로부터 도피하여 개별적
존재자들에게 함몰된 채 거기에 집착하기 때문에, 존재개시
자로서의 자신의 본질을 망각하고 '존재자 전체의 이탈'과
'존재자 그 자체의 현시'라는 무화의 이중적 사건을 직시하
지 못한다는 사실, 즉 근본적으로는 불안에 처해 있더라도

---

75) "이러한 일어남은 매우 드물기는 하나 불안의 근본기분에서 순간적으로만 가능
하며 또한 실제적이다."(W 110) "근원적인 불안은 단지 드문 순간들에만 일어
난다."(W 115)

끊임없이 그것을 억압하고자 하는 자에게는 무화의 사건이 사태 자체로부터 개시되지 못하고 은폐와 위장하에 개시된다는 사실에 반하여, 본래적인 현존재는 근본적으로 자신이 불안에 처해 있음을 여실히 깨닫고 있다는 점 역시도 틀림없다. 그러나 이렇게 현존재가 근본적으로 늘 불안에 처해 있다는 사실과 현존재가 불안에 의해서 엄습되는 사태는 엄밀히 구별되어야만 한다. 전자가 인간실존의 현 사실적 유한성을 표명하는 것이라면 후자는 불안이라는 기분에 사로잡혀 세계의 무의미성을 체험하는 그야말로 순간적인 사태이다. 본래적인 현존재에게도 역시 불안은 순간적으로 일어나는 사태인 것이다. 다만 불안에서 드러나는 현 사실적 자기책임으로부터 도피하지 않는 본래적인 현존재에게는 불안의 불씨가 강하게 살아 있으며 — 이것이 '불안의 숨결'이 '과감한 자'를 통해서 '가장 확실하게 울린다'는 하이데거의 표현이 의미하는 바이다(W 116) — 불안이 일깨우는 삶의 진실을 체득하고자 분투한다.

근원적인 불안에서 현존재는 무화의 이중적 사건, 즉 '존재자 전체가 무의미한 것으로 미끄러져 빠져나감'과 더불어 '존재자 그 자체가 개방됨'을 경험한다. 그런데 그것은 아직 결의를 통한 자기의 고유한 상황 내에서의 구체적인 존재자적 관계 맺음을 수반하는 것은 아니다. "불안은 단지 **가능한** 결의의 기분으로 데려올 뿐이다. 불안의 현재는······ 순간을 **도약하게끔** 준비한다."(SZ 344) 불안의 현재와 결의의 순간은 명백하게 구분되어야만 한다.[76] 불안해함의 '그것 앞에서(Wovor)'와 '그것 때문에(Worum)'는 내가 교섭하던 모든 세계 내부적 존재자들이 자신의 규정성을 상실하고 무차별적으로 용해되어 버린 유일무이한 존재이자 '존재자가 아님'이라는 의미에서의 무, 달리 말하자면 한갓된 무가 아닌 스스로를 내빼는 방식으로 현존하는 무이다. 무화의 두 번째 사건으로서 개방되는 존재자 그 자체는 다시금 고유한 차이를 지닌 개별적 존재자들로 분화되어야만 한다. 본래적인 현존재는 이와 같이 무화의 이중적 사건에 뒤이은 개별적 존재자들의 분화사건과 더불어 본격적으로 현 사실적 존재자로서의 자기의 실존수행을 시작한다.[77] 푀겔러의 파악과는 달리 『존재와 시간(1927)』 및 「형이상학이란 무엇인가?(1929)」의 저술 무렵의 하이데거에

---

76) 마찬가지의 맥락에서 불안 자체와 결의성은 구별되어야만 한다. 불안의 시간적 계기들과 결의성의 시간적 계기들의 구별에 대한 분석을 호프만(1993)은 훌륭하게 해내고 있다. Piotr Hoffman, "Death, Time, History: Division II of Being and Time", *The Cambridge Companion to Heidegger*, edited by Charles Guignon, New York: Cambridge University, 1993, 233쪽 참조.

77) 하이데거는 '개별적 존재자들로의 분화'와 같은 것은 말하지 않고 있다. 하지만 그가 말하는 '존재자 그 자체의 개방성(die Offenbarkeit des Seineden als eines solchen)'은 세계 내부적 존재자들의 발견을 가리키는 것이 아니라 유일무이한 세계 자체의 현현을 가리킨다. 물론 근원적으로 보자면 개별적 존재자들로의 분화는 존재자 그 자체의 개방과 더불어 끊임없이 일어난다고 말해져야 한다. 하지만 본래적인 현존재가 실제적으로 경험하는 데 있어서는 분명히 불안을 겪으면서 '존재자 그 자체의 개방', 즉 있음의 사실에 대한 경이를 경험한 후에야 개별적 존재자들과의 본래적인 관계 맺음이 구체적으로 이루어지는 것이다.

게 있어서도, 본래적인 현존재는 무만을 현시하며 개별 존재자와의 관계 맺음을 거부하는 자가 결코 아니다. 본래적인 자기존재를 되찾는다는 것은 불안이 현시하였던 '무의 자리지기(der Platzhalter des Nichts)'라는 자신의 **존재론적인** 지위를 상기하면서, 그와 더불어 세계 내부의 도구들 및 사물들 그리고 공동현존재인 타인들을 고려하고 배려하는 존재자로서 **존재자적인** 층위에서 실존하는 것이다. 본래적인 현존재 역시도 이러한 양 차원에서 공히 실존함을 우리는 이미 앞서 둘째 입장으로서 다루어진 헤르만의 분석과 셋째 입장으로서 다루어진 리처드슨의 분석에서 이미 확인하였다. 현존재는 본질적으로 세계 내부적인 존재자 곁에 – 있는 존재자이며 끊임없이 이런저런 존재자들과 교섭하는 존재자이다. 본래적인 현존재는 무화 속에 자리 잡고 있는 근원적인 자기존재를 망각하지 않은 채로 세계 내부적 존재자들의 곁에 – 있다. 그렇기 때문에 본래적인 현존재는 자기도피를 수반하지 않으면서도 본래적인 개시성인 결의성을 통하여 "'세계'의 발견되어 있음 및 타인들과의 공동현존재의 개시성을 변양시킨다."(SZ 297) 지금의 논의에서 결정적인 점은 이것이다. 즉 이러한 '변양'을 통해서 현존재는 더 이상 무의미한 세계를 경험하는 것이 아니라 그 자체만의 고유한 존재자와 공동현존재를 만나게 된다는 것이다.[78] 불안의 엄습은 단지 순간이지만 그 순간은 현존재의 실존 전체를 휘어잡는 긴 여운을 남기며 지속적으로 그가 접하는 존재자와의 관계방식을 변양시킨다. 이때 본래적인 현존재 역시 공공적 해석양식이 부과한 의미에 따라서 존재자와 관계를 맺지만 그에게는 더 이상 그 의미가 그 관계 맺음에 있어서 결정적인 것이 아니다. 그에게 이제 결정적인 것은 그것 자체의 근원적인 개방을 통한 '창조적 동경의 쾌활과 부드러움'(W 117), 그리고 '기쁨'(SZ 310)과 '평정심'(SZ 345)의 만끽이다.

하이데거가 실존론적 분석론에서 제시한 본래적인 현존재가 영웅적 허무주의의 표상이라는 평가나 "어떻게 불안을 겪은 본래적인 현존재가 특정한 행위에 전념할 수 있겠는가?"에 대한 드라이퍼스의 의문은 모두 본래적인 현존재가 무의미하고 무근거적인 세계에 머무른다는 점에 그 핵심적 근거를 두고 있다. 또한 순간의 공허성에 대하여 지적한 푀겔러의 비판도 본래적인 현존재가 순간에서 존재자적 관계 맺음이 불가능한 무로서의 세계에 머무른다는 점에 기초를 두고 있다.

그러나 본래적인 현존재는 단지 의미를 상실한 세계에

---

78) 공동현존재로서의 타인과의 본래적인 관계에 대해서는 다음을 참조. 박찬국, 『하이데거와 윤리학』, 서울: 철학과 현실사, 2002, 165, 6쪽 및 Robert J. Dostal, "Eros, Freundschaft und Politik: Heideggers Versagen", in: D. Papenfuss, O. Pöggeler(Hrsg.), *Zur philosophischen Aktualität Heideggers*, Bd. 1. Frankfurt a.M, 1991, 187쪽 참조.

머무는 것이 아니다. 만일 그러하다면 본래적인 현존재의 존재자와의 적극적인 교섭 가능성은 그야말로 미궁으로 빠져들 것이다. 하지만 본래적인 현존재는 공공적인 해석양식에 따라서 존재자에 부착된 의미들, 의의들, 가치들이 존재자 그 자체의 근원적인 개현이 선사하는 기쁨과 쾌활에 비하자면 한갓 인위의 산물에 불과함을 깨닫고 이러한 존재자 그 자체의 개현을 통해서만 누릴 수 있는 충족감을 위해서 매진한다. 따라서 그의 행위와 결의는 바로 이러한 충족감을 위해서 수행되는 것이지 저 의미들, 의의들, 가치들에 구속되는 것이 아니다.[79] 바로 그렇기 때문에 본래적인 현존재는 불안을 통해서 세계의 무의미성과 무근거성을 경험했음에도 불구하고, 다시금 적극적으로 존재자와의 관계 맺음에 전념할 수 있는 것이다. 그것은 오로지 이제까지 은폐되어 왔던 새롭고도 전적으로 상이한 충족감을 성취해 내기 위한 것이므로.

따라서 불안을 겪은 본래적인 현존재로 변양하는 과정은 무의미성에 대한 좌절과 그에 대한 흡사 영웅적인 극복과정이 아니라, '존재자 그 자체의 개현' 또는 '세계로서의

---

79) 물론 공공적 해석양식에 따른 존재자의 의미와 존재자 그 자체의 근원적 개현의 관계가 구체적으로 어떠한가에 대해서는 더욱 깊이 있는 숙고가 요망되는 것도 사실이다. 존재자 그 자체의 근원적 개현은 필연적으로 존재자의 기존의 의미에 변화를 가져다주는 경우도 있을 것이다. 이와 같이 양자가 순전한 별도의 관계가 아닌 이상 양자의 영향관계를 고찰하는 일은 불가피하다.

세계의 개방'(SZ 187)을 통한 삶의 충만감의 획득일 따름이다. 본래적인 현존재는 개별 존재자들에의 몰입 속에서 특정한 행위에 전념하면서도 그러한 존재자에 부착된 의미나 가치 및 그러한 행위의 성공으로부터 결과하는 공공적 권세나 명예 혹은 부를 구하려 하는 것이 아니라 그때마다 존재개시자로서의 인간의 탁월성을 드러내면서 존재자의 근원적 개방이 선사하는 '기쁨'을 향유하는 데 주력한다. 이러한 현존재에게 존재자와의 적극적인 교섭은 무의미하기는커녕 오히려 더더욱 요청되는 것이다. 따라서 여기에는 영웅적 허무주의와 같은 것도 순간의 공허성도 제기될 아무런 소이도 없다고 하겠다.

2. 본래성으로의 변양

현존재는 우선 대개 비본래적으로 실존한다. 다시 말해서 그는 공공의 세계에 함몰되어 근본적 정황성으로서의 불안에서 희미하게 개시되고 있는 가장 고유한 자기로부터 줄곧 도피한다. 이러한 비본래적인 현존재는 자기 자신으로 실존하는 것이 아니다. 그런데 도대체 본래성, 자기 자신으로 실존함이란 무엇인가? 본래적인 자기존재란 도대체 무엇인가? 사회문화적으로 규정되는 '나'의 존재도, 몰입하여 있는 세계로부터 이해되는 '나'도 본래적인 자기가 아니라면 도대체 본래적인 자기 자신이란 누구인가? 그것은 그야말로 공허하고 단적인 무에 불과한 것이 아닌가? 이번에는 우선 **불안**으로부터 시작하는 본래적인 현존재로의 변양과정을 **선구, 반복, 순간**이라는 본래적인 시간성의 세 탈자태를 중심으로 고찰하는 가운데 저러한 물음들에 답변하면서 본래성과 퇴락의 양립이라는 최종적 과제를 해결할 발판을 놓고자 한다.

<불안>_ 하이데거는 가장 고유한 자기가 불안에서 개시된다고 말한다. 불안에 처해 있는 현존재는 세계 내부적 존재자들이 총체적으로 의미를 상실하게 되는 섬뜩한 무로서의 세계 속으로 들어서게 된다. 세계가 무이다! 세계가 무가 되어 버렸다고 해서 현존재가 세계-내-존재이기를 그만두는 것은 아니다. 불안의 순간 속에서도 현존재는 현-존재하며 개시성으로서 존재한다. 현-존재(Da-sein)는 '현(da)'에서 자기와 세계를 개시하는 방식으로 있다. 그리고 현존재는 자신의 존재를 개시된 세계로부터 이해한다. 세계가 무가 되어 버리는 불안이라는 정황성에서는 현존재는 더 이상 그 무엇으로부터도 자기 자신을 이해할 수 없게 된다. 현존재가 그로부터 자기 자신을 이해할 그 무엇이 아

무엇도 없다. 즉 이제 자신의 존재마저도 역시 무가 된다. 그런 의미에서 불안에서 현존재는 죽는다.[80] 불안에서 무화되어 버리는 것은 세계 내부적 존재자들만이 아니다. 그간 자기존재로서 참칭되어 왔던 '세상 사람들-자기' 역시 무화된다. '나'의 존재가 세계와 더불어 무화됨으로써 '주체'와 '객체'의 구별이 단적으로 사라진다. 그렇다면 결국 가장 고유한 자기란 공허하며 단적인 무인가? 불안에서 개시되는 세계는 그러나 공허한 무가 아니다. 고로 자기존재 역시도 단적인 무는 아니다. 불안에서 경험하는 무는 세계 내부적 존재자의 '부재'를 뜻하는 것이 아니라 "그로부터 자신을 이해할 수 있을 어떤 것도 발견할 수 없음"을 뜻할 뿐이다(SZ 343). 그러한 맥락에서 불안에서 개시되는 무는 세계개시성의 측면에서 말하자면 무의의성으로서의 무이며, 자기개시성의 측면에서 말하자면 무규정성으로서의[81] 무이다.

<선구>_ 불안에서 드러나는 섬뜩한 자기의 모습이 곧장 본래적인 실존과 일치하는 것은 아니다. 이전에 언급하

---

80) 불안은 근본적 정황성이다. 현존재는 늘 불안에 처해 있다. 그렇기 때문에 현존재는 "현 사실적으로 죽고 있으며 그것도 끊임없이 죽고 있다."(SZ 259) 이것이 하이데거가 '죽음-향한-존재(Sein-zum-Tode)'로써 뜻하던 바이다. 이러한 맥락에서 박찬국은 다음과 같이 말한다. "불안은 항상 우리 자신의 삶 한 가운데 침입해 와 있는 죽음에 대한 불안이며, 죽음이 우리에게 근원적으로 자신을 고지하는 방식이다." 박찬국, 「죽음은 인간 개개인의 가장 고유한 가능성이다」, 『철학, 죽음을 말하다』, 서울: 산해, 2004, 203쪽 참조.

81) "불안의 '그것 앞에서(Wovor)'는 전적으로 규정되어 있지 않다."(SZ 186)

였듯이 본래적이든 비본래적이든 어떠한 현존재도 지속적
으로 불안 속에 사로잡혀 있을 수는 없다. 불안에서 현존재
는 본래성과 비본래성이라는 두 실존방식을 자신의 기초적
인 존재 가능성으로 제시받는다(SZ 191). 비본래성으로의
길은 자신이 그동안 안주하며 살아왔던 세상 사람들의 세
계로 돌아가는 길이다. 반면 본래성으로의 길은 자신의 존
재가 근원적으로 공공적 해석양식에 의해서 규정 불가능한
것임을 철저하게 수용하는 길이다. 이것을 하이데거는 '죽
음에의 선구'라는 말로써 표현한다. 죽음에의 선구란 자기
자신의 존재를 죽음의 가능성에서 이해하는 것, 다시 말해
서 자기 자신의 존재를 '가장 고유하고, 무연관적이고, 건
너뛸 수 없고, 확실하지만, 무규정적인 가능성'으로 기획
투사하는 것이다(SZ 309). 그렇지만 본래적인 자기로서 살
아가기를 선택한다는 것이 단지 무 속에만 머물러 앉아 있
자는 것이 아니다. 물론 그런다는 것 자체가 불가능하기도
하거니와. 본래적인 실존은 자신을 무 속으로 던져 넣으면
서 그와 더불어 피투되어 있는 자기 자신으로 되돌아온다.

<반복>_ 선구하면서 현존재는 피투된 자기존재로 되돌
아온다. 선구를 통해서 현존재는 무의 저편으로 넘어가는
것이 아니라 현 사실적으로 피투되어 있는 자기 자신의 독
자적인 존재를 회복(Wiederholung, 반복)하게 된다. 일상에

서 현존재는 잡담과 호기심이 제공하는 흥밋거리에 사로잡
히고 세상 사람들이 내주는 일거리에 종사함으로써, 끊임없
이 솟구치는 '내가 있다'는 현 사실로부터 그때마다 달아나
고 있다.82) 그런데 죽음에의 선구는 현존재로 하여금 '내가
있으며 있지 않을 수 없다'는 피투적 현 사실성에 맞닥뜨
리게 한다. 무 속으로 진입하는 현존재에게 은폐되어 왔던
나의 존재의 현 사실이 여지없이 드러나게 된다. 섬뜩함을
가져다주는 무로서의 나의 존재는 그때마다 나에게 내맡겨
져 있다. 현존재는 실존한다. 다시 말해서 현존재는 끊임없
이 자신을 자기 앞으로 가져간다. 그 때문에 현존재에게는
바로 이러한 무가 자신의 근거(Grund, 지반)로서 끊임없이
내맡겨지지 않을 수 없다. 그럼에도 우선 대개 현존재는 이
렇게 무로서의 근거라는 섬뜩한 자기존재로부터 달아나 허
울만 좋은 공공적 세계에 안착하려고 한다. 내면의 침묵의
목소리는 이러한 세상 사람들로서의 현존재를 수다스런 공
공적 세계로부터 돌려세워 나에게 내맡겨져 있는 바로 이
존재를, 비록 그것이 무력한 근거에 불과하다고는 하더라
도, 나의 근거로서 떠맡을 것을 요구한다. '나의 있음이 전
적으로 나에게 내맡겨져 있다.' 분명 나는 나의 존재를 놓

---

82) 이와 같은 일상성으로의 도피가 자기 존재의 피투적 현 사실성에 대해 외면하는
일반적인 방식이다. 한편 자살은 끊임없이 부과되는 자기 자신의 존재부담을 해
결하는 극단적인 형식이라 할 수 있다. EP 325 참조.

지는 않았지만 이 존재는 끊임없이 내가 떠맡아야 할 근거로서 나에게 다가온다. 아무리 그것이 나를 짓누르는 부담으로서 나타나더라도 이제 그것을 세상 사람들에게 떠넘길 수 없다. 죽음으로 선구한 자는 그로써 자신이 '무력한 근거임(das nichtige Grund‑sein)'을 떠맡기로 결의한다. 이것이 기재해 온 가장 고유한 자기의 회복이라는 의미에서의 반복 혹은 일차적 의미에서의 반복이다.[83]

<순간>_ 결의한 현존재는 더 이상 무 속에만 머물러 있지 않는다. "양심의 부름이 있을‑수‑있음으로 불러 세울 때 그것은 어떤 속이 텅 빈 실존 이상을 앞에 내세우고 있는 것이 아니라 **상황으로 앞질러 불러 세운다**."(SZ 300) '상황(Situation)'은 무로서의 세계가 결코 아니다. 현존재가 우선 대개 처해 있던 일반적인 정황(Lage)은 순간 속에서 그러한 일반성을 벗어던지고 투명하게 밝혀지게 된 각기 고유하게 밝혀지는 상황으로 나타난다.[84] 순간 속에서 밝혀지는 상황에서 세계 내부적 존재자에 대한 고려와 타인들에 대한 배려(Fürsorge)의 방식이 변양된다. 선구와 반복

---

83) 반복은 이중적으로 파악되어야 한다. 지금 다루어진 의미 외의 역사적인 결의로서의 반복에 대해서는 바로 다음 절에서 다루어질 것이다.

84) 상황은 결의성의 순간에서만 밝혀진다. 상황과 정황의 구별에 대해서 하이데거는 다음과 같이 말한다. "상황은 그 기초를 결의성에 두고 있다. ……그에 반해 '세상 사람들'에게는 상황이 본질적으로 닫혀 있다. '세상 사람들'은 그저 '일반적인 정황'만을 알 뿐"이다(SZ 299, 300).

속에 견지된 순간에서만 상황은 상황으로서 밝혀진다.[85] 순간의 상황 속에서 현존재는 행위를 하면서 장악한 세계 내부적 존재자를 '엇갈리지 않고(unverstellte)' 있는 그대로 만나게 된다(SZ 326).[86] 또한 이러한 순간은 둘째 입장의 말미에서 다루어진 바대로 문자 그대로의 단순한 찰나에 그치는 것이 아니라 현존재의 전체를 지속적으로 휘어 감는 것이다.

---

85) 비본래적 시간성의 현재적 탈자태인 현재화는 도래와 기재로부터 튀어 나가는 (entspringen) 데 반하여 본래적 시간성의 현재적 탈자태인 순간은 도래와 기재에 견지되어(gehalten) 있다. SZ 338, 347쪽 참조. 비본래적 시간성에서 현재화가 '튀어 나간다'는 것은 비본래적인 일상적 현존재에게는 도래와 기재는 차단되고 현재화 속에 갇히게 된다는 것을 뜻한다. 그렇다고 해서 비본래적 현존재에게 도래와 기재가 결여되어 있는 것이 아님은 물론이다. 전통 형이상학이 현전적 시간관을 바탕으로 현존재와 세계를 '주체'나 존재자의 총체와 같이 눈앞의 존재방식으로서 사유했던 것 역시 비본래적 시간성 또는 거기에 기초한 내부세계적 시간에 기인한다.

86) 하이데거는 순간에 대하여 논하는 자리에서 명시적으로 퇴락과 순간을 대립시키기도 한다. 이러한 구절은 실로 도무지 나의 해석방향과는 맞지 않는 것으로 보인다. "결의함으로써 현존재는 자신을 바로 퇴락에서부터 되찾아왔으며 그래서 개시된 상황을 향한 '순간적 **번뜩임**(Augen*blick*)' 속에서 그만큼 더 본래적으로 '거기에(da)' 존재한다."(SZ 328) 그러나 여기서 언급되는 '퇴락'을 '몰입'과는 구별되는 '함몰'로 간주한다면 나의 입장의 관철이 불가능한 것은 아니다. 만일 이것이 설득력이 없다고 말한다면, 차라리 나는 퇴락의 복잡성에 대한 하이데거의 간과에 기인하는 그의 실수라고 주장하겠다.

3. 결의성의 지속성에서의 본래적인 행위의 수행

3.1. 결의성의 지속성의 해명 Ⅰ

앞서 나는 본래성의 지속성이 불가피하게 요구된다는 점을 누차 지적하였으나 그것이 과연 어떻게 해서 가능한가를 직접 충분히 설명하지는 않았다. 이제 그에 대한 설명이 제공되어야 할 차례다. 그렇다면 어떻게 본래성의 지속성이 가능하며 일상적인 삶을 살면서도 순간 속에서 실존할 수 있는가? 다시 말해서, 어떻게 일시적으로 일어나는 '순간'을 넘어서서 자기와 세계를 본래적으로 개시하는 일이, 즉 결의성의 지속성이 가능한가? 결의성의 지속성의 해명은 자기지속성(Selbstständigkeit), 신장성(Erstrecktheit), 역사성(Geschichtlichkeit) 등의 개념들에 대한 설명과 함께 주어질 것이다. 그런 연후에 비로소 본래성과 퇴락의 상관성이 다시 한 번 논의될 수 있을 것이다.

자기지속성, 신장성, 역사성은 모두 현존재의 존재기반인 시간성에 근거해 있다. 우선 'Selbst‒ständigkeit'은 '자립성'과 '자기‒지속성'이라는 이중적인 의미를 지닌다. 그것은 (a) '자기의 입지(Stand)를 확보한다, 즉 자립한다'는 뜻과 더불어 (b) '그러한 입지의 견고성(Steadfestigkeit)'을 뜻한다.[87]

---

87) 켈너(Douglas Kellner)는 자기지속성과 관련하여 다음과 같은 해석을 내리는데,

"본래적으로 있을-수-있음의 현상은 또한 입지를 확보했다는 의미의 자기의 지속성에 대한 시야도 열어준다. 부단한 입지의 견고성이라는 이중의 의미의 자기의 지속성은 결의하지 않은 퇴락의 비자기지속성에 대한 본래적 반대 가능성이다. 자기 지속성은 실존론적으로 다름 아니라 바로 선구적 결의성을 뜻한다."(SZ 322)

　(a) 결의한 본래적인 실존이야말로 무지반의 상태에서 둥둥 떠다니는 세상 사람들에의 의존적 삶을 중단하고 피투되어 있는 자신의 무력한 근거를 자신의 존재로서 인수함으로써 자신의 입지를 세우게 된다. 즉 자립하게 된다. 세인으로서의 삶이 낳게 되는 퇴락의 격랑으로부터 본래적인 실존이 자신의 본래성을 견지할 수 있는 것은 이와 같은 굳건한 입지 덕분이다. 그렇지만 이러한 입지는 그 자체 불안에서 드러났던 무력하고도 심연적인 근거가 아닌가? 물론 그러하다. 그럼에도 세상 사람들의 삶을 무지반으로, 본래적인 실존의 삶을 굳건한 입지로 부를 수 있는 정당한 이유는, 본래적인 실존은 무력한 근거로부터 회피하는 방식으로 타인들이 부과하는 삶을 진정한 삶인 양 받아들이지

이 역시 나의 입장과 충분히 어울릴 수 있는 것이다. "자신의 본래적 가능성들의 선택은 '성실을 위한 분투'를 이끈다. ……[본래적 실존은] 자신의 본래성의 기획투사를 고수하며 고집하면서 자신의 결의에 진실하다. ……이러한 자기지속성은 오직 본래적 개인에게만 적용된다. 왜냐하면 오직 본래적 가능성들을 선택하고 끊임없이 자신의 선택을 반복하는 개인만이 자기지속성의 꾸준함과 지속성을 획득했기 때문이다. 특정한 가능성을 장악하고 거기에 성실하게 고수하는 것은 전념의 행위를 가리킨다." Douglas Kellner, "Authenticity and Heidegger's challenge to ethical theory", *Martin Heidegger－Critical Assessments*, Vol. Ⅳ, edited by Christopher Macann, London & New York: Routledge, 1992, 204쪽 참조.

않고서 무력한 근거를 단독적으로 자기존재근거로서 떠맡으라는 양심의 부름에 순응하기 때문이다. (b) 또한 그러한 입지는 단지 일순간만 확보되는 것이 아니라 현존재의 존재를 지탱해 주는 시간성을 따라서 견고하게 유지된다.

모든 현존재는 실존양태와 무관하게 근원적인 시간성에 의해서 그 존재가 지탱되고 있다. 도래하면서 반복하는 현재화 속에서 현존재의 시간성이 시숙한다. 그리고 시간성의 시숙과 더불어 자기의 신장(伸張)이 이루어진다. 그렇지만 일상사에 집착하는 비본래적인 현존재에게는 이러한 근원적인 자기의 신장이 은닉되어 있다.[88] 왜냐하면 비본래적인 현존재는 현재화 중심의 현전적 시간관에 붙들려 있기 때문이다. 그는 현재화되어 대상으로서 눈앞에 정립된 존재자들만을 집착하고 ‘오늘날’ 통용되는 사회문화적 해석양식에 갇혀 있다. 비본래적인 현존재가 이해하는 자기존재는 그때마다 고려되는 현재화된 대상들과 오늘날에 주요하게 통용되는 공공적 해석양식으로부터 형성된다. 비본래적인 현존재에게 자기는 시간성의 시숙에 따라 신장되는 근원적인 자기가 아니라 단속적으로 이어지는 체험들의 연쇄과정으로 이해된다. 그로써 그에게는 근원적인 자기가 존재론적인 의미에서 망각된다.[89] 반면 본래적인 현존재는 죽음으

---

88) “비본래적인 역사성에서는 운명의 근원적 신장성이 은닉되어 있다.”(SZ 391)
89) 존재론적 자기망각과 존재자적 자기망각에 대한 구별은 제3장 4.1을 참조.

로 선구한다. 죽음으로의 선구란 현재에 안주해 있는 자기를 파쇄하고 모든 현재적인 것에 흐트러져 있는 자기 자신을 넘어서서 자기의 고유한 무규정적 존재를 향해 앞질러 내달리는 것이다. 이로써 그는 은닉되어 온 자기의 신장성을 들추어낼 첫걸음을 내디딘다. 그렇지만 그것은 아직 첫걸음일 뿐이다. 앞서 지적한 바와 같이 죽음을 선구함으로써 오히려 현존재는 피투된 자기존재로 되돌아오기 때문이다.

현존재는 죽음으로 선구함으로써 죽음의 가능성에 머무는 것이 아니라—물론 그럴 수도 없지만—피투된 자기존재로 되돌아와 자신에게 고유한 현 사실적 가능성들을 선택해 나간다. 결의한 현존재의 현 사실적 가능성의 선택이 곧 행위의 결의(Entschluβ)이다. 앞서 일차적인 의미에서의 반복을 논하는 가운데 본래적인 현존재가 자신이 무력한 근거라는 피투적 현 사실성을 떠맡기로 '결의'한다고 밝혔고 그것이 있어 왔던, 기재하여 온, 자신의 존재의 '회복'에 해당한다고 말한 바 있다. 하지만 거기에서는 단지 무차별적이자 형식적으로 '자신의 존재를 떠맡는다'는 사실에 대한 논의에 그쳤지, 과연 역사적으로 제약된 실존적 상황에서 어떻게 자신의 존재를 떠맡겠다는 것인지는 전혀 논의되지 않았다. 물론 실제로 각각의 현존재가 그때그때 '무엇을 하기로(Wozu)' 결의하는가를 실존론적 분석론이 규정할 수는 없는 노릇이다. 그것을 선행적으로 규정한다면 그것은 다시금 '가장 고유하게 있을-수-있음'의 무규정적 자유를 말살시키는 셈이 될 것이다. 그러나 분명히 '어디에서부터(Woher)' 자신의 현 사실적 가능성들을 길어내는가에 대해서는 논의할 수 있다. 우리에게 지금 중요한 것은 당연히 이 후자이다. 하이데거는 '기재해 온 자기존재를 떠맡음'이라는 다소간 형식적인 의미에서의 '반복'을, 역사성을 논하는 자리인 『존재와 시간』 제74절과 제75절에서 '역사적 가능성의 현 사실적 선택'이라는 훨씬 구체적인 의미에서의 '반복'으로 발전시킨다.90) 현존재는 후자의 의미에서의 반복을 통하여 선구로부터 확보된 자기의 지속성을 현 사실적으로 이행하게 되는 것이다.

현존재는 어떠한 가능성으로 자신을 기획 투사할 것인가에 있어서, 다시 말해서 자신이 앞으로 무엇을 할 것인가에 대하여 주제적으로 선택하는 데 있어서 우선 대개 '오늘날의 평균적인 공공적 해석양식'에 의존한다. 물론 결의한 현존재가 이러한 해석양식에 복종하지는 않을지라도 그 역시

______

90) 하이데거는 불안이나 순간 등 몇몇 주요한 개념들을 키르케고르로부터 빌려온다. 반복 역시 본래 키르케고르의 개념이었음을 쉬락(Calvin O. Schrag)은 지적하고 있다. Calvin O. Schrag, "Heidegger on Repetition and Historical Understanding", *Philosophical East and West*, Vol.20, No.3, Jul., 1970, 287쪽 참조. 또한 역사성에서의 반복에 대해서는 이 논문 외에 다음의 논문들이 유용하다. Kevin Aho, "Why Heidegger is not an Existentialist: Interpreting Authenticity and Historicity in Being and Time", *Florida Philosophical Review*, Vol Ⅲ, Issue 2, Winter 2003 및 Thomas Sheehan and Corinne Painter, "Choosing one's Fate: A Re-reading of Sein und Zeit § 74", *Research in Phenomenology*, ⅩⅩⅧ, 1999.

도 자신에게 역사적으로 '전수되는 해석양식' 자체로부터 이탈한다는 것은 전혀 불가능한 일이다(SZ 383). 오히려 그 역시도 그러한 해석양식으로부터 발견될 수 있는 현 사실적 가능성들을 자신에게 전승하고 그로부터 다시금 자신의 가능성을 선택한다. 본래적인 현존재조차도 역사적인 상황 속에서 자신에게 주어지는 가능성만을 선택할 수밖에 없다는 사실은 한편으로는 분명히 무력한(ohnmächtig) '운명(Schicksal)'이다. 그렇지만 이러한 운명은 단순히 비극적인 운명에 불과한 것은 아니며, 오히려 우발적인 가능성들을 타파할 수 있는 '강력함(Übermacht)'이기도 하다(SZ 384). 어째서 무력하다면서도 강력하다는 것인가? 왜냐하면 그는 죽음으로 선구함으로써 더 이상 세상 사람들이 제공하는 이런저런 가능성들에 붙들리지 않은 채, 자신에게 역사적으로 전승되어 온 가능성들을 선명히 꿰뚫어볼 수 있기 때문에 혹은 적어도 그리고자 부단히 분투하기 때문이다. 오늘날의 공공적인 해석양식은 우리에게 일률적인 행위방식을 암암리에 강요하면서 특정한 가능성들만을 행위를 위한 선택안으로서 제공한다. 그렇지만 역사적으로 우리에게 전수되는 가능성들은 오늘날의 공공적 해석양식 속에서 소진되지 않을 만큼 풍부하다.91) 선구하는 현존재는 일반적으로 통용되는 해석양식의 틀에 갇히지 않고 그러한 해석양식에

---

91) Calvin O. Schrag, 같은 논문, 291쪽 참조.

의해 은폐되어 왔지만 역사적으로 전수되어 온 그 밖의 가
능성들을 살펴보게 되고 자신에게 가능한 그런 다른 선택
안들을 검토함으로써 자신의 상황을 역사적으로 재조명하
기 위한 최선의 안을 도출하고자 진력한다.

이렇게 운명적으로 결의한 자는 자신의 삶을 이끌어줄
전범(典範)으로서의 '영웅(Held)'을 선택하고, 잠정적이고
우발적인 가능성들에 휘둘리지 않을 '목표(Ziel)'를 설정한
다(SZ 385, 384).[92] 또한 하이데거가 말하는 역사적인 결의
라는 의미에서의 반복은 공동 현존재로서의 존재책무도 포
함한다. 왜냐하면 본래적인 현존재가 맞이하는 역사적인 운
명은 결코 개인적인 것일 수만은 없기 때문이다. "운명을 우
리는 공동체의 사건, 즉 민족의 사건이라고 특징짓는다."(SZ
384) 현존재는 동일한 세계와 동일한 '세대(Generation)'를
공유하는 타인들, 즉 동시대의 민족들과 하나의 공동체에
속한다. 상황을 투명하게 열어 밝히는 운명적 결의는 그러
므로 단지 자기 혼자만의 선택이 아니라 공동체적 선택, 즉
'역운(Geschick)'이라는 성격을 띠게 된다(SZ 384). 한편, 이렇

---

92) 결의한 현존재가 영웅을 선택한다는 것을 어떻게 이해하는 것이 좋을까? 켈너는
이에 대하여 다음과 같이 해석한다. "유산으로부터 '자신의 영웅을 선택함(SZ
385)'은 자신의 소명의 선택이나 자신의 기획투사를 안내해 줄 모델의 선택으로
서 설명될 수 있다. ……가령 자신의 '있을 – 수 – 있음'이나 가능성들을 조심스
레 숙고한 뒤에 자신의 본래적 가능성으로서 철학을 선택하고 과거의 철학자들,
이를테면 아리스토텔레스, 마르크스, 니체 등을 자신의 모델로서 선택할 수 있
다." 켈너, 같은 논문, 204쪽 참조.

게 역운(歷運)에 따라 실존한다는 것은 '하나의 사태를 위해서 공동으로 투신함'을 의미하며, 이것은 다름 아니라 타인들에 대하여 본래적으로 배려함의 구체적인 수행방식인 것이다.[93](SZ 122) 민족 공동체의 역운 속에서 자신의 역사적 상황에 대하여 결의하는 것이 반복의 온전한 의미이다.

하이데거가 말하는 '결의성'이라고 하는 것은 결코 '무엇을 하기로 결의하겠다'는 결심의 찰나에만 존속하는 것이 아니다. 그는 명시적으로 이렇게 밝히고 있다. "결의성은 오직 '결의함(Entschließung)'이라는 '행동'이 '계속되는' 동안만 '체험'으로서 현실적으로 있다고 생각한다면 그것은 결의성을 존재론적으로 오해하는 것일 게다."(SZ 391) 그뿐만 아니라 결의성은 특정한 결의에 고착하여 그러한 결의가 철회되지 않고 유지되고 있는 동안만 지속되는 것도 아니다. 결의성은 특정한 결의만을 지배하는 것이 아니라 오히려 그러한 결의의 철회에 대한 자유가 주어져 있다는 데에 그 근본성격이 놓여 있기 때문이다. 또한 바로 이러한 결의성의 성격 때문에 그것은 그 자체로 이미 특정한 결의

---

93) 운명의 수용은 자신의 고유한 존재책무에 대한 이해와 더불어 시작한다. 하지만 그것이 충분히 역사적으로 이루어질 때, 그것은 역운의 수용이 되며 이것은 개별적인 존재책무를 넘어서서 타인들에 대한 본래적인 배려, 즉 '앞서 뛰어들며 자유롭게 하는 배려'라는 형태로 완수되게 된다. SZ 122쪽 및 Ortega, Mariana, "When Conscience Calls, Will Dasein Answer? Heideggerian Authenticity and the Possibility of Ethical Life", *International Journal of Philosophical Studies* Vol.13(1), 2005, 25쪽 참조.

를 넘어서는 신장된 지속성을 갖는다.[94] 자신의 유한성이 백일하에 드러나게 되는 '한계상황', 바로 거기에 나 자신이 그때마다 근원적으로 피투되어 있다는 사실을 자신의 본질로서 받아들이는 자에게는 언제나 특정한 결의의 철회에 대하여 열려 있으며 기존의 결의에 성실할지언정 결코 그것을 고집하지는 않는다.[95] 왜냐하면 더 이상 그 앞으로 나아갈 수 없는 벽과도 같은 극명한 한계상황에 부딪칠 때 현존재는 자신의 현실적인 결의를 철회하지 않을 수 없을 터인데, 본래적인 현존재란 자신이 근원적으로 한계상황으로부터 벗어날 수 없음을 철저하게 깨닫고 있는 자이기 때문이다. 선구하면서 반복하는 자, 즉 죽음과 같은 극한적인 상황으로 끊임없이 내달리면서 역사적으로 전수되어 온 가능성들에 그때마다 운명적으로 응답하는 자만이 근원적인 시간성의 시숙에 따라 자기를 신장시킨다. 본래적인 역사성 속

---

94) 이에 대해서는 이미 제2장 1.2.1에서 다루어진 바 있다. 또한 다음의 하이데거의 언명을 참조. "운명으로서의 결의성은 경우에 따라서 상황이 요구하면 어떤 특정한 결의를 포기하는 자유이다. 그로 인해서 실존의 지속성이 단절되는 것이 아니라 오히려 순간적으로 확증되는 것이다."(SZ 391)

95) 하이데거는 야스퍼스의 '한계상황'이라는 개념을 수용한다. 야스퍼스에 따르면, 한계상황이란 죽음, 고통, 우발성, 투쟁, 죄책 등에 부딪침으로써 자신의 유한성을 통절하게 되는 현존재의 근본적인 상황을 가리킨다. 현존재는 이러한 한계상황으로부터 근본적으로 벗어날 수 없다. 즉 현존재는 그때마다 이미 자기의 극한적인 유한성 속에 피투되어 있다. 그것이 인간이 그때마다 피투되어 있는 근본적 유한성을 시사한다는 점에서 한계상황은 실존 불가능성의 가능성인 죽음에 상통하는 것이기도 하다. SZ 308쪽, Karl Jaspers, *Psychologie der Weltanschauungen*, München: Serie Piper, 1985, 247 – 280쪽 및 강갑회, 「야스퍼스에 있어서 한계상황을 통한 실존개명」, 『철학논총』, 제29집, 2002, 4쪽 참조.

에서 현존재는 그때마다의 결의들을 통해서 현 사실적으로 자기를 신장시키지만 그러한 신장성은 결의들의 연결을 통해서 그제야 수립되는 것이 아니라 그에 앞서 이미 선구를 통해서 확보되었던 결의성의 지속성으로부터 발하는 것이다.

본래적인 현존재는 무력한 근거임을 떠맡음으로써 있어 온(기재해 온) 자기를 반복한다. 반복은 그렇지만 단지 그렇게 자신의 존재책임을 형식적으로 인수하는 것만으로 끝나는 것이 아니다. 선구한 자가 자신이 처한 역사적 현실로부터 어떠한 행위를 취할 것인가를 결단하고 그것을 수행해야만 비로소 자신의 존재책임을 실질적으로 이행한 것이라 말할 수 있다. 즉 그때에야 온전한 의미에서의 반복이 성취된다. 또한 이러한 역사적인 반복을 통하여 현존재는 자기의 근원적인 신장성을 온전하게 밝혀내게 된다. 비본래적인 현존재는 그때마다의 단속적인 현재화에 갇힘으로써 역사적인 신장성을 은폐하는 반면, 선구하면서 반복하는 현존재에게는 역사성의 신장성이 열리게 된다.

상기의 전체적인 맥락에 입각하여 보건대 본래적인 시간성의 현재적 탈자태인 순간은 한갓 찰나로서만 해석되어서는 안 된다. 하이데거가 언명한 대로 현존재는 '순간적으로'만 일상성을 지배할 수 있다(SZ 371). 그러나 그 역시 일상성을 일소시킬 수는 없다. 이와 같이 일상성을 실존적으로 '극복한' 자, 즉 본래적인 현존재도 다시금 '우선' 공공적인 해석양식에서 드러난다(SZ 370). 하지만 이를 두고서 그가 비본래성으로 돌아갔다고 말해서는 곤란하다. 그것을 비본래성으로 돌아간 것이라고 주장하게 되면, 결의의 철회에도 견지되는 결의성의 지속성이 어떻게 담보될 것인가라는 풀릴 수 없는 난제가 발생한다. 그렇게 다시금 공공성에 모습을 드러내는 현존재가 여전히 본래적이라고 불릴 수 있는 까닭은 그가 선구를 통해서 자기의 지속적 신장을 일구어 내기 때문이다.

선구와 반복에서 밝혀지는 상황에의 결의의 순간은 문자 그대로 '순간'이면서도 또한 지속적이다. 우리는 앞서 이것을 순간의 이중성이라는 이름하에 고찰한 바 있다.[96] 순간은 '순간적으로' 일어나지만 그것은 이미 선구함으로써 신장된 역사성의 지속성에 놓여 있다. 순간은 섬광처럼 '순간적으로' 번뜩이지만, 그러한 섬광은 일순간에 소멸되어 버리는 것이 아니라 시간성의 시숙 속에서 지속되는 것이다. 결의한 현존재의 순간에서 도래할 자기와 있어 온 자기가 하나의 지평 속에서 전체적으로 신장된다. 순간은 통속적 시간의 견지에서 보건대 분명 잠시 동안이지만 본래적인 현존재의 모든 행위를 지속적으로 지배한다.[97] 바로 이런

---

96) 제2장 2.3참조.

97) 드라이퍼스 역시 키르케고르의 순간 개념이 영원성을 띤다는 점에 주목하며 이에 영향을 받은 하이데거의 순간 개념 역시 일시적인 사건이지만 동시에 지속성을 갖는다는 점을 강조한다. Hubert L. Dreyfus, 같은 책, 321, 2쪽 참조. 하이

이유로 본래적인 현존재는 일상적인 삶을 살더라도 그는 일상에 함몰되지 않는 방식으로 '무의 자리지기'라는 자신의 본질을 간직한 채 실존할 수 있는 것이다.

3.2. 결의성의 지속성의 해명 Ⅱ

결의성의 지속성을 해명하기 위해서 앞에서 우리는 자기 지속성, 신장성, 역사성 등의 개념들을 고찰하였고 끝자락에서는 본래적인 시간성의 현재적 탈자태인 순간의 이중성에 대해서 재고찰하였다. 즉 순간은 지금들이 연결된 현전적 시간관의 시간 흐름상에서는 단순히 한 시점에 불과하지만, 실상 그것은 근원적인 시간성의 시숙에 따라 지속적으로 신장된다. 다시 말하자면, 현존재는 순간을 일시적으로 체험하지만, 그것은 단지 일시적 체험으로 종결되지 않고 그의 삶 전체를 변양시키는 계기가 된다는 것이다. 여기에서는 이와는 좀 다른 측면에서, '이중적 기획투사'를 중심으로 다시금 결의성의 지속성을 해명하고자 한다. 본래성 혹은 결의성이 어떻게 일상의 삶 속에서 지속할 수 있는가

데거의 순간 개념이 키르케고르의 순간 개념과 실존적으로 동일한 것임을 SZ 338쪽의 각주 3으로부터 알 수 있다. 또한 그 각주에서 하이데거가 '순간'과 관련하여 참조하라고 지시하는 야스퍼스의 저서에는 순간이 '일순간적인 것(Momentane)'이면서도 '영원성(Ewigkeit)'의 성격이 강조되어 있다. Karl Jaspers, 같은 책, 110쪽 참조.

에 대한 해명은 그만큼 중요하기 때문이다.

하이데거는 '배시적인 고려함의 시간성(die Zeitlichkeit des umsichtigen Besorgens)'을 논하는 자리에서(SZ 352), 본래적인 현존재도 비본래적인 현존재와 마찬가지로 그러한 일상적인 고려함에 머문다고 말하면서도, 일상적인 고려함의 시간성이 비본래적인 시간성인 기대(예기), 현재화, 망각(기억, 간직)이라는 탈자태로 시숙한다고 설명한다. 그렇다면 이것은 본래적인 현존재가 비본래적인 시간성에 따라 시숙한다는 말과 다르지 않게 들린다. 이러한 본래성과 비본래성의 납득하기 어려운 공존은 어떻게 설명해야 할까? 이 외에도 하이데거는 '본래적인 실존에서의 학문의 근원'을 논하는 자리에서(SZ 363), 존재자의 탁월한 '현재화' 및 사물적 존재자에 대한 순수한 발견의 '기대'가, 다시 말해서 '현재화'나 '기대'와 같은 비본래적 시간성의 탈자태가, 결의성에 근거한다고 설명한다. 이 역시 비본래성과 결의성, 즉 본래성의 흡사 모순적인 공존을 이야기하고 있다. 나는 이와 같이 모순적으로 보이는 본래성과 비본래성의 공존은 '이중적 기획 투사'를 중심으로 하여 결의성의 지속성을 충분히 해명할 때에만 납득될 수 있으리라고 본다.

우선 혼란을 피하기 위해서 실존양태로서의 본래성과 비본래성이 동시적으로 공존할 수는 없음을 확정해 두자. 현존재의 실존양태는 양자택일적으로 본래적이거나 비본래적이다. 그러나 이와 더불어 상기해 두어야 할 점은 본래성과 비본래성이 동일한 층위에 놓인 두 개의 대립짝들이 아니라는 것이다. 현존재는 본래성이거나 비본래성이라는 양태에 따라서 실존하지만 본래성은 비본래성의 제거가 아닌 비본래성을 포용하는 본래성이다.[98] 이 역시 여전히 모순적으로 들릴 수도 있는 말임을 인정한다. 하지만 이하의 부연을 통해서 그러한 외견적 모순의 이면에 놓인 사태의 실상이 밝혀질 수 있으리라 생각된다.

현존재가 본래적으로 실존한다는 것은 그에게 근저에 놓인 채로 은폐되어 왔던 근원적인 시간성에 따라 살아나간다는 것에 다름 아니다. 시간성의 본래적인 시숙이란 그렇게 은폐되어 온 시간성의 역사적 신장을 되살리는 것이다. 그런데 이것이 기존의 일상적 실존양식의 제거를 의미하는 것은 아니다. 본래성은 그러한 일상적 실존양식을 포용한다. 순전한 일상적 실존양식이 비본래성이라면, 본래성은

---

98) 이러한 맥락에서 하이데거는 본래성이 단순히 비본래성의 제거가 아님을 다음과 같이 여러 차례 강조하고 있다.
 ● 본래적인 자기 자신의 존재는 '세상 사람들'에서부터 분리된, 주체의 예외적 상태에 기인하는 것이 아니라, 오히려 본질적인 실존범주인 '세상 사람들'의 실존적 변양태이다(SZ 130).
 ● 이해의 이러한 근본 가능성[본래성 및 비본래성] 가운데 하나로 자신을 옮겨 놓음이 다른 가능성을 제거하는 것은 아니다(SZ 146).
 ● 본래적 실존은 퇴락하는 일상성 위에 떠 있는 어떤 것이 아니라, 실존론적으로 보자면, 단지 이 일상성의 변양된 장악일 뿐이다(SZ 238).
 ● 현 사실적인 현존재의 본질에는 비본래성이 속해 있다. 본래성은 그저 하나의 변양태일 뿐 비본래성의 전적인 삭제가 아니다(GP 243).

그것을 포용하면서도 은폐되어 온 근원성을 탈-은폐시킨다. 바로 그렇게 때문에 흔히 비본래적인 시간적 탈자태로 간주되는 '기대'나 '현재화'가 본래적인 현존재에게서도 나타날 수 있는 것이다.[99] 그런데 이렇게 근원성을 일깨우면서 비본래성 혹은 일상적 실존양식을 여전히 유지해 나간다는 것이 실존론적 분석론에 입각하여 어떻게 해명될 수 있을까?

일상적 실존양식을 유지하는 현존재를 두고서 본래적으로 실존한다고 칭할 수 있게끔 하는 것은 오직 그만이 자신의 '실존이유(Worumwillen)'를 명확하게 장악하기 때문이다. 실존이유는 자신의 있음에서 그때마다 그러한 있음이 문제되는 존재자에게, 즉 실존에게 '그렇게 문제되는 그것'에 해당한다. 존재론적인 의미에서 실존이유는 순수하게 무규정적이며 무차별적인 '가장 고유하게 있을-수-있음(das eigenste Seinkönnen)' 자체를 가리킨다. 이것이 무슨 말인지는 차근차근 밝혀질 것이다. 한편 존재자적인 의미에서 실존이유는 그때마다 내가 살아가는 특정한 이유나 목적을

---

99) 드라이퍼스(1991) 역시 이러한 맥락을 간과하고 있지 않다. 그는 이에 대한 명쾌한 해명을 직접적으로 제시하고 있지는 않지만 결론적으로 나와 유사한 견해를 보이고 있다. "본래적인 현존재가 여전히 특정한 사건들을 **기대**하고 **기억**하더라도 그러한 사건들에의 자신의 관계의 시간적 형식은 **예기와 망각**으로부터 **선구와 반복**으로 변한다. **선구, 반복, 결의성** 속에서 본래적인 현존재는 자신의 특정한 기획투사들이 어떻게 오고 가든지 간에 자신의 행위들에 **지속적인 형식**을 부여하는 방식으로 현존재의 시간성을 살아간다."(D 326)

가리킨다. 실존이유는 언제나, 그리고 어느 누구에게나 존재론적이자 존재자적이다. 그렇지만 비본래적인 현존재에게는 불안에서 현시되는 '가장 고유하게 있을-수-있음'이라는 섬뜩한 무규정성으로서의 실존이유는 은폐되어 있으며 따라서 알려지지 않고 있다. 그는 그때마다 현전적으로 다가오는 이런저런 존재자들과의 교섭 속에 갇혀 있고, 그에 따라 그의 실존이유 역시 공공적인 삶 내에서의 일상적인 목적들로 제약된다.[100] 반면, 본래적인 현존재는 죽음을 선구함으로써 그 누구에게도 양도 불가능한 자신의 무규정적 가능성으로서의 '가장 고유하게 있을-수-있음'이 자신의 근본적인 실존이유임을 여실히 깨닫고 또한 그러한 무규정성을 규정할 책임이 오로지 자신에게만 내맡겨져 있음을 과감히 인정한다.[101] 그가 그때마다 이루어지는 소소

---

100) 물론 어떤 비본래적인 현존재는 삶의 목표를 뚜렷하게 세울 것이며 그러한 목표를 추구하기 위한 장기적인 계획을 수립하고 그것을 향해 정진할 수 있다. 그렇지만 그러한 삶의 장기적인 전망조차도, 그가 선구를 통해서 세상 사람들의 지배라는 공고한 껍질을 깨고자 하지 않는 한, 불안의 개별화 속에서 세상 사람들의 지배로부터 탈피하여 수립된 것이 아니라 단지 오늘날 통용되는 공공적 규범의 틀에 갇혀 수립된 것이다.

101) 실존에게는 그때마다 그의 존재가 문제된다. 그것은 실존이 현존재로서 그때마다 존재를 개시하기 때문이다. 그러한 존재개시자로서의 자신의 책임에 최선을 다하는 자가 본래적인 실존이다. 그러한 맥락에서 리고벨로(Armando Rigobello)는 이렇게 말한다. "본래적인 실존은…… 실존이 최종적으로 자기와 동일시하는 자신의 해석학적 존재개시성에 성실한 자이다." Armando Rigobello, "Heideggers Kritik des Begriffes 'Wert' und die praktische Bedeutung von 'Eigentlichkeit'", in: D. Papenfuss, O. Pöggeler(Hrsg.), *Zur philosophischen Aktualität Heideggers*, Bd. 1. Frankfurt a.M, 1991. 203쪽 참조.

한 일상적인 활동들로 그때마다 자신을 기획 투사하더라도 여전히 그가 비본래성으로 추락하지 않는다고 말할 수 있는 까닭은, 그러한 일상적 기획투사의 근저에서 본래적인 현존재는 자신을 '일차적으로' 자신의 근원적인 실존이유, 즉 가장 고유하게 있을－수－있음으로 기획투사하기 때문이다.[102]

요컨대 일상적 실존양식 혹은 비본래성을 끌어안는 본래성이 가능한 소이는 이러한 '이중적 기획투사'에 놓여 있다. 본래적인 현존재는 그때마다 궁극적으로 가장 고유하면서 양도 불가능하고 무규정적인 유일무이한 가능성으로서의 죽음의 가능성으로 자신을 기획 투사한다. 그러면서도 현존재는 그때마다 일상적인 삶의 맥락 속에서 이런저런 존재자와의 교섭행위를 위한 특정한 가능성들로 또는 좀 더 넓은 안목으로 볼 경우, 이런저런 장기적인 인생계획의 실현을 위한 특정한 가능성들로 자신을 기획 투사한다. 죽음에의 선구로서의 심층적 수준의 기획투사와 일상적 행위 수준의 기획투사, 이 양자가 본래적인 현존재에게서 함께 이루어진다. 후자가 결여된다면 오히려 그것이야말로 본래성의 진정한 구현으로 간주되기 어렵다. 왜냐하면 그것은

---

[102] 하이데거에 따르면, 비본래적인 이해란 일차적으로 자신을 그의 세계에 입각하여 이해하는 것이며, 본래적인 이해란 "일차적으로 자신을 실존이유로 던지는"(SZ 146) 것이다. 이러한 언명도 상기의 논의와 정확히 상통하는 것이다.

한갓 공허한 묵상이나 '비현실적인' 삶의 반성에 머무는 것일 뿐일 터이기 때문이다. 이러한 이중적 기획투사가 언뜻 불가능할 것이라는 착각은 죽음으로의 선구를 단지 순간적으로 이루어지는 불안에의 엄습과 동일시할 경우에 혹은 그것을 의식적으로 죽음이라는 극한적 가능성의 표상을 통해 직접적으로 무를 현시하는 찰나적 순간과 동일시할 경우에 일어날 수 있다. 그러나 죽음으로의 선구란 그와 같이 일시적인 사태가 아니라 그것을 출발점으로 시작하여 그 이후를 지속적으로 지배하면서 실존의 삶 전체를 변양시킴으로써 실존의 근저에, 실존의 심층부에 자리 잡는 것이다. 그렇기 때문에 이중적 기획투사가 가능한 것이며 또한 일상성에서의 본래성의 견지가 가능한 것이다.

4. 본래적인 현존재에게서 나타나는 퇴락의 유형들

지금까지 나는 본래성의 지속성이 어떻게 가능할 수 있는가를 보여주고자 주력했다. 그래서 그 첫 번째 해명의 시도로서 역사적으로 조건 지어지는 상황 속에서의 결의라는 의미에서 반복을 조명함으로써 자기의 역사적인 신장이 가능함을 확인하였다. 또한 그 두 번째 해명의 시도로서 실존의 심층부에서 '가장 고유하게 있을 - 수 - 있음'으로 기획 투사하면서도 그와 더불어 일상적인 활동을 위한 기획투사가 함께 이루어지는 이중적인 기획투사에 관하여 설명하였다.

이제 최종적으로 이러한 지속되는 본래성과 공존하는 퇴락의 형태가 어떠한 것인가를 확인할 필요가 있다. 하지만 여기에서 새롭게 추가되어야 할 내용은 별로 많지 않다. 이미 이에 대해서는 퇴락의 제 유형을 다루면서 부분적으로 언급되었다. 다만 지금은 그것을 총괄적으로 종합하여 도식화함으로써 일목요연하게 본래성과 퇴락의 상관성을 제시할 따름이다. 퇴락은 다음과 같이 네 가지 상이한 위상들로 구별될 수 있다. 이 가운데 (2)를 제외하고는 모두 본래성에서도 제거되는 않는 퇴락의 유형들이라고 말할 수 있다.

(1) 중립적 퇴락 = 고려되는 존재자에의 몰입, 공공적 세계에의 몰입, 언어사용, 반사성

(2) 심화된 퇴락(자기도피) = 고려되는 존재자에의 함몰, 공공적 세계에의 함몰, 잡담, 호기심, 애매성, 자기실체화

(3) 비진리(위장과 가상)로서의 퇴락 = 공공성

(4) 퇴락의 격랑

(1) 본래적인 현존재 역시 자신의 주위세계에 몰입해 있다. 일상적으로 자기 자신은 고려되는 주위세계로부터 이해

된다. 또한 자신의 역사적 운명에 응답하기 위한 결의를 수행할 때에도 그는 특정한 존재자에 열정적으로 몰입해야만 한다. 그러한 존재자가 예술작품이든, 건축물이든 혹은 심지어는 사료(史料)이든 말이다. 하이데거는 명시적으로 '사료만을 간행하는 역사학자의 실존'도 본래적일 수 있다고 말한다(SZ 396). 이것이 시사하는 바는 사실상 고유한 상황이 밝혀 주는 그 어떠한 존재자도 본래적인 현존재의 몰입의 대상이 될 수 있다는 것이다.

또한 본래적인 현존재 역시도 공공적 세계에 몰입하여 있다. 그는 비본래적으로 실존하면서 세상 사람들로서 지녀 왔던 사회문화적 역할, 지위, 신분 등을 단적으로 떨쳐 버리는 것이 아니다. 다만 그는 이러한 공공적인 자기규정이 자기 자신을 이루는 본질이 될 수 없는 잠정적인 성격임을 명료하게 자각할 뿐이다. 실존범주인 세상−사람들로서 실존하면서도, 본래적인 현존재는 자신의 본질을 그때마다의 선구 속에서 밝혀지는 죽음의 무규정성으로부터 이해하고 있다.

이러한 몰입의 불가피성으로 인하여 본래적인 현존재라고 하여도 사물적 존재자와 부단히 교섭하기 때문에, 그와 같은 실체적 사물로부터 자기 자신을 이해하도록, 즉 실체화된 자아를 지니도록 잡아끄는 유혹 속에 그는 끊임없이 처하게 된다. 비본래적인 현존재와는 달리 그러한 유혹에 굴복하지는 않더라도 말이다.

마지막으로 본래적인 현존재는 존재자에 대한 근원적인 존재이해의 취득의 한계로 말미암아 언어사용이라는 간접적인 방식에 의존해야만 한다. 그는 존재자에 대한 근원적인 존재이해를 탈취하기 위해서 분투하지만, 피투성의 제약으로 인하여 생존을 위해 필요로 되는 존재자에 대한 존재이해를 전부 다 근원적인 방식으로 취득할 수는 없다. 다만 본래적인 현존재는 공공적인 담화 속에 끼어들고 거기에 불가피하게 의존하면서도, 다시금 그로부터 근원적인 이해를 파헤치려는 노력을 부단히 기울일 뿐이다.

(2) 몰입과 언어사용 및 반사성은 비본래적 현존재에게서는 함몰과 잡담 및 자기실체화로 악화되어 나타난다. 여기에서는 몰입과 언어사용 및 반사성에서 견지될 수 있었던 본래적인 자기와의 관계가 단절된다. 본래적인 현존재는 열정적으로 특정한 존재자들에 몰입한다고 해도, 비본래적인 현존재처럼 자기 자신의 본질을 망각한 채로 존재자들에 집착하여 거기에 함몰되어 버리지는 않는다. 본래적인 현존재는 특정한 존재자들에 몰입하더라도 언제나 불안의 숨결을 꺼뜨리지 않으며 불안을 대비하는 식으로 자기 자신을 보존한다.

또한 본래적인 현존재는 공공적인 신분과 지위를 유지하며 살아간다고 해도, 그것을 자신의 진정한 규정성으로 여기며 그런 것들을 맹목적으로 좇으며 살아가지는 않는다. 반면 공공적 세계에 함몰되어 있는 비본래적인 현존재는 자신의 삶의 본질을 공공적으로 주어지는 자신의 신분이나 지위에 집착하며, 그로부터 자기 인생의 성공과 실패를 가름한다.

언어사용에 있어서도 본래적인 현존재가 불가피하게 평균적인 이해 가능성을 나르는 언어에 의존하면서도 근원적인 존재이해의 탈취를 위해 분투하는 반면에, 비본래적 현존재는 이야기되고 있는 존재자에 대한 주의 깊은 관심보다도 단지 잡담하는 것 자체에서 즐거움을 구하며 끊임없는 이야깃거리의 양산을 통해서 섬뜩한 자기 자신이 피어오르지 않도록 차단하느라 바쁘다.

잡담과 마찬가지로 본래적인 현존재는 호기심이나 애매성에도 휘둘리지 않는다. 이러한 맥락에서 잡담, 호기심, 애매성은 비본래성과 일치하는 퇴락의 **두드러진** 특징으로서 이해되어야지 퇴락의 필수적 요소로서 이해되어서는 곤란하다. 본래적인 현존재는 이것저것 호기심을 좇아서 이리저리 흥밋거리를 찾아다니는 식으로 피상적인 존재이해에 만족하지 않으며, 공공적인 해석양식의 참칭된 진정성을 애매하게 뒤따르지 않는다.

마지막으로 본래적인 현존재는 자기 자신을 실체화된 자아로서 이해하도록 만드는 유혹에 끊임없이 저항하는 반면,

비본래적인 현존재는 '나'라는 언급 속에서 체험들의 연속에서도 동일하게 견지되는 굳건한 자아를 확신한다.

비본래적 현존재에게 귀속되는 이러한 심화된 퇴락의 양상들은, 안정적으로 누려오던 자신의 삶의 총체적인 지반을 뒤흔드는 불안의 섬뜩함 그리고 그것이 내보이는 자기와 세계의 실상으로부터 끊임없이 도피하는 태도에 상응하는 현상들이다.

(3) 본래적인 현존재는 이러한 심화된 퇴락의 양상들을 물리치지만, 위장과 가상이 횡행하는 비진리로부터 벗어나는 것은 아니다. 본래적인 현존재의 현 사실적인 행위들은 공공적인 세계 내에서 이루어진다. 운명적인 결의조차도 공동체적 역운 속에서 이루어진다. 이에 대해 하이데거는 이렇게 말한다. "결의 역시 세상 사람들과 그들의 세계에 의존한 채로 남아 있다."(SZ 299) 끊임없이 현존재를 근원적 이해로부터 단절시키고 피상적이며 무지반적인 이해 속에 파묻히게 만드는 공공적 해석양식으로부터 현존재는 벗어날 수 없다.

그럼에도 결의성은 '실존의 진리', '본래적인 진리', '가장 근원적인 진리'라고 불리기에 부족함이 없다(SZ 297). 결의한 실존은 공공적인 해석으로 인해 위장과 가상으로 덮여 있는 존재자를 탈취하여 그것이 밝게 드러나도록 끊임없이 분투하는 자이기 때문이다. 좌초(Scheitern)의 위험을 무릅쓰고 적극적으로 자기의 고유한 존재개시를 위해서 투신하는 것, 이것이 비진리에 놓여 있으면서도 "비진리를 제 것으로 삼는다"는(SZ 298) 하이데거의 알쏭달쏭한 표현이 뜻하는 바이다. 본래적인 현존재가 비진리에 의해 함께 규정되어 있지 않다면 존재자를 근원적으로 탈취하려는 분투조차 불필요할 것이다.

게다가 결의한 실존이라고 하더라도 타인들과 공공의 이해 가능성을 공유하면서 실존할 수밖에 없기 때문에 공공적 세계라는 삶의 터전을 벗어난다는 것은 더더욱 불가능하다. 현존재에게는 다른 현존재들과 '더불어 – 있음(Mit – Sein)'이 본질적 성격으로 내재하는 한, 우리의 삶은 늘 타인들과 더불어 대화하고 작업하는 공동적 삶의 방식으로 이루어지는 것이다.

(4) 이와 같이 본래적인 현존재도 비진리 내에 있기 때문에, 비본래성으로 잡아끄는 퇴락의 유혹에 끊임없이 노출되어 있다. 공공적인 삶에서 본래성을 견지한다는 것은 대단히 어려운 일이다. 왜냐하면 비본래성으로의 유혹은 끊임없이 현존재에게 소용돌이처럼 몰아치기 때문이다. 그러한 유혹에 버티어내기 위해서는 무지반적인 공공의 세계에 대하여 자신의 고유한 입지(Stand)를 부단히 세워야만 한다. 비

본래적인 일상적 현존재가 비진리 내에 있으면서 퇴락의 유혹에 굴복당하는 반면에, 본래적인 현존재는 비진리를 자신의 존재양식으로 감내하면서도 퇴락의 격랑 속에다가 자신의 입지라는 굳건한 말뚝을 박아둠으로써 흔들리지 않은 채로 버틸 수 있다.

하이데거는 「진리의 본질에 관하여(1930)」라는 작품에서 이렇게 비진리 내에서 실존할 수밖에 없는 인간의 유한성을 "혼미 속을 걷는다"고 표현한다. 그렇게 "인간은…… 항상 [위장과 가상이 지배하는] 혼미 속을 걸어가지만" 그럼에도 "혼미 자체를 경험하고 현존재의 비밀을 잘못 보지 않음으로써 현혹에 빠지지 않게 될 그러한 [본래적인 실존의] 가능성"도 여전히 인간에게는 마련되어 있다(W 195).

제 5 장

결 론

　현존재의 본질은 개시성에 있다. 현 – 존재의 현(da)은 자기와 세계가 개시되는 자리를 말한다. 존재개시의 터에 들어서 있는 자인 현존재는 그 속에서 여타의 존재자들을 만나고 또한 자기 자신이라는 존재자도 발견한다. 그렇지만 우선 대개 현존재는 단지 마주하는 이런저런 존재자들만을 발견하고, 그런 존재자들에게 부여되어 있는 굳건한 실체성을 자신에게도 부여하는데 그것이 곧 '자아'이다. 또한 우선 대개 현존재는 일상적이고 공공적인 해석양식에 따라서 존재자들을 피상적으로 이해하고 사회문화적으로 주어지는 역할 속에서 자신의 정체성을 형성한다. 존재개시자로서의 자신의 본질, 즉 무규정적으로 개시되는 근원적인 자기존재를 유일한 상황 속에서 고유하게 규정해 내야만 하는 책임은 그런 식으로 망각된다. 비본래적인 현존재에게는 그저 이런저런 현전적 존재자들만이 발견될 뿐이며 그 가운데 자기 자신 역시도 무차별적으로 사물적 존재자의 하나에 불과한 것으로서 나타난다.

하지만 비본래적인 현존재가 자신의 은폐된 본래성을 구현할 기회는 늘 잠재해 있다. 근원적인 불안에서와 같이 현존재를 전체적으로 사로잡는 기분은 그로 하여금 개별적 존재자들의 발견에 앞서서 근원적인 무가 단적으로 드러나고 있음을 깨닫게끔 한다. 인간은 그러한 기분 속에서 본래적으로 '현(da)'에 들어서게 된다. 그때 현-존재는 자신의 유한성을 망각한 채 이런저런 존재자들에 집착하고 오늘날 통용되는 사회문화적 규범 및 가치질서 등에 붙잡혀 있던 과거의 모습으로부터 벗어나게 된다.

불안에서 순간적으로 열리는 무는 우선적으로는 섬뜩한 것으로 나타난다. 그렇지만 그러한 무는, 그것이 본래적으로 경험된다면, 개별적 존재자들이 그 자체로서는 절대적 의미를 담지할 수 없다는 사실과 나의 존재 역시 근원적 지평에 있어서는 ─ 비록 현존재가 오직 그 지평에서만 실존하는 것은 아니지만 ─ 순전한 무규정성이라는 사실을 일깨우는 것이지, 삶의 무의미함을 알려주는 것이 아니다. 다시 말해서, 그것은 무의미한 세계 속에서 자신만의 의미를 구한다는 불가능한 기획을 시도하고자 하는 허무주의적 영웅을 낳지 않으며 또한 무와의 대면이라는 존재자적 교섭 관계의 불가능성을 낳음으로써 본래적인 시간성의 현재적 탈자태로서의 순간이 공허하다는 비판을 야기할 까닭도 없다. 오히려 나를 붙잡고 있는 이런저런 존재자들과 나의 행위를 구속하는 공공적 규정들로부터 벗어나서 가장 고유한 무규정성으로 앞질러 들어가 근원적인 자유를 획득하는 것, 그리고 그로부터 진정한 삶의 충만감을 일깨우는 것, 그것이 하이데거가 죽음으로의 선구를 통하여 말하고자 하는 바다.

본래적인 행위를 실질적으로 수행하기 위해서 현존재는 실존 불가능성의 가능성인 죽음 속에 갇혀 있을 수 없다. 죽음으로의 선구가 본래적으로 일어난다면, 그것은 현존재로 하여금 자신이 처해 있는 역사적 상황을 꿰뚫어보도록 촉구하며 그로부터 자신이 행하여야 할 바를 찾아내게끔 인도한다. 죽음으로 선구함으로써 현존재는 역사적으로 전수되어 온 가능성들로부터 자신의 현 사실적 가능성을 선택한다. 즉 상황에의 결의를 통하여 본래적인 행위를 구현하게 된다.

본래적인 행위는 나만의 세계에서 독립적으로 이루어지는 것이 아니라, 공공적으로 이해될 수 있는 삶의 총체적인 전제들에 기반을 두고서 이루어진다. 결의의 수행을 위해서는 다시금 자신이 처한 사회·문화·역사적인 해석양식들에 의존해야만 한다. 즉 본래적인 현존재는 위장과 은폐가 지배하는 공공적인 해석양식의 비진리 속으로 들어서야만 하며, 그럼에도 이러한 비진리에 휘둘리지 않고 근원적인 존재이해에 이르기 위해서 끊임없는 노력을 다해야만 한다. 또한 상황이 고지하는 결의의 내용이 무엇이든지 간에 본래적인 현존재는 자신의 결의를 이행하기 위해서는 특정한 작업에 열정적으로 몰입해야만 하며, 공공적으로 주어지는 역할과 지위를 이행해야 하고, 타인들과의 평균적인 이해 가능성을 교환해야만 한다.

본래적인 현존재도 결의의 수행을 위해서는 퇴락을 자신으로부터 제거할 수 없다. 이것이 내가 지금까지 이끌어 온 요지이자 결론이다. 현존재는 이미 구조적으로 퇴락해 있다. 본래적인 현존재도 열정적으로 무언가에 몰입해야 하고, 공동존재로서 사회적 역할을 다해야 하며, 언어사용을 통하여 세상 사람들과 이해 가능성을 교환해야 한다. 퇴락은 사실상 역사와 문명을 건설하기 위한 필연적인 조건이다. 하이데거가 퇴락에 대한 부정적인 가치평가를 거부했던 까닭은 퇴락의 이러한 필연성 때문일 것이다. '존재자적인 교섭 속에서 실존함'과 '공공적인 해석양식을 통해서 실존함'을 자신의 본질적인 구조로 내재하고 있는 존재자는 퇴락으로부터 벗어날 수 없다.

퇴락은 자기 자신과 세계 그 자체에 대한 근원적인 이해로부터 현존재를 끊임없이 떼어놓는다. 본래적인 현존재는 한편으로 퇴락해 있으면서도 근원성으로부터의 단절에는 부단히 저항하는 자이다. 본래적인 현존재는 퇴락해 있으면서도 자신의 본질을 망각하지 않는다. 그럼에도 퇴락해 있는 본래적인 현존재를 두고서 비본래적으로 실존하는 것이라고 칭할 수는 없다. 왜냐하면 본래적인 현존재는 그때마다 세계 내부적 존재자들에 몰입하도록 스스로를 기획 투사하면서도, 근원적으로는 자기 자신을 가장 고유한 가능성인 죽음으로 기획 투사하고 있기 때문에, 다시 말해서 자기 자신을 규정하는 '일차적' 계기가 가장 고유한 죽음의 무규정성으로부터 발원한다는 사실을 온전하게 체득하고 있기 때문이다. "실존하는 현존재는 자기 자신을 선택하여 **일차적으로** 자기 자신으로부터 자신의 실존을 규정할 수 있다. 즉 본래적으로 실존할 수 있다."(GP 243, 강조는 필자가 함) 그러한 일차적 기획투사는 실존을 근저에서부터 규정한다. 그러나 그와 더불어, 일차적 기획투사의 근본적 규정력이 지속하는 가운데, 본래적인 현존재는 세계와의 교섭 속에서 다양한 존재자적 관계를 맺으며 적극적인 행위를 수행하며 이때 현존재는 여전히 구조적인 퇴락, 중립적인 퇴락으로부터 벗어날 수가 없다.

이렇게 일종의 인간의 이념형이라고도 불릴 수 있을 만한 '실존의 본래성'에도 뿌리 깊이 인간의 유한성이 스며들어 있다. 단순한 존재자와의 교섭으로는 취득될 수 없는 인간의 궁극적인 행복, 이 지상의 삶에서 누릴 수 있는 최상의 유형의 기쁨, 현대인의 내적 공허를 일소하는 내적 충일감, 그러한 것을 제공해 줄 본래성이라는 이상에서조차도 퇴락이라고 하는 세상사의 뿌연 안개는 가시지 않는다. 그런 점에서 인간은 철두철미하게 유한한 존재자인 것이다. 그런데 바로 그러한 사실, 즉 이렇게 스스로가 유한한 존재자임을 절절히 깨닫는 것, 세속사와 교류하는 가운데 그 이상의 순전히 순수한 이념에 대해 미련을 품지 않는 것, 그것이 또한 본래성에 요구되는 또 하나의 성찰이 아니겠는가.

참고문헌

Ⅰ. 하이데거의 저작

Heidegger, Martin, *Sein und Zeit*, Tübingen: Max Niemeyer, 1972.

──────, *Being and Time*, trans. by John Macquarrie & Edward Robinson, Blackwell, 1962.

──────, 『존재와 시간』, 이기상 역, 서울: 까치, 1998.

──────, *Die Grundbegriffe der Metaphysik*(Gesamtausgabe Bd. 29/30), Frankfurt a.M.: Vittorio Klostermann, 1992.

──────, 『형이상학의 근본개념들』, 이기상 · 강태성 역, 서울: 까치, 2001.

──────, *Kant und das Problem der Metaphysik*, Frankfurt a.M.: Vittorio Klostermann, 1973.

──────, 『칸트와 형이상학의 문제』, 이선일 역, 파주: 한길사, 2001.

──────, *Logik: Die Frage nach der Wahrheit*(Gesamtausgabe Bd. 21), Frankfurt a.M.: Vittorio Klostermann, 1976.

──────, 『논리학, 진리란 무엇인가?』, 이기상 역, 서울: 까치, 2000.

──────, *Die Grundprobleme der Phänomenologie*(Gesamtausgabe Bd. 24), Frankfurt a.M.: Vittorio Klostermann, 1975.

──────, 『현상학의 근본문제들』, 이기상 역, 서울: 문예, 1994.

──────, *Einführung in die Metaphysik*(Gesamtausgabe Bd. 40), Frankfurt a.M.: Vittorio Klostermann, 1983.

————, 『형이상학 입문』, 박휘근 역, 서울: 문예, 1994.

————, *Einleitung in die Philosophie*(Gesamtausgabe Bd. 27), Frankfurt a.M.: Vittorio Klostermann, 1996.

————, 『철학입문』, 이기상 · 김재철 역, 서울: 까치, 2006.

————, *Hölderlins Hymne 'Der Ister'*(Gesamtausgabe Bd. 53), Frankfurt a.M.: Vittorio Klostermann, 1984.

————, 『이스터』, 최상욱 역, 서울: 동문선, 2005.

————, "Was ist Metaphysik?", "Vom Wesen des Grunedes", "Vom Wesen der Wahrheit", *Wegmarken*(Gesamtausgabe Bd. 9), Frankfurt a.M.: Vittorio Klostermann, 1967.

————, 「형이상학이란 무엇인가」, 『이정표 1』, 신상희 역, 파주: 한길사, 2005.

————, 「근거의 본질에 관하여」, 「진리의 본질에 관하여」, 『이정표 2』, 이선일 역, 파주: 한길사, 2005.

————, "Die Frage nach der Technik", *Vorträge und Aufsätze*, Günter Neske, 1954.

————, 『강연과 논문』, 이기상 · 신상희 · 박찬국 역, 서울: 이학사, 2008.

————, *Grundbegriffe*(Gesamtausgabe Bd. 51), Frankfurt a.M.: Vittorio Klostermann, 1981.

————, *Der Satz von Grund*(Gesamtausgabe Bd. 10), Frankfurt a.M.: Vittorio Klostermann, 1997.

II. 하이데거 연구 문헌

Aho, Kevin, "Why Heidegger is not an Existentialist: Interpreting Authenticity and Historicity in *Being and Time*", *Florida Philosophical Review*, Vol Ⅲ, Issue 2, Winter 2003.

Bracken, William F., "Is There a Puzzle About How Authentic Dasein Can Act?: A Critique of Dreyfus and Rubin on *Being and Time*, Division Ⅱ", *Inquiry* Vol.48 No.6, Dec. 2005.

Carmen, Taylor, "Must We be Inauthentic?", *Heidegger, Authenticity, and Modernity — Essays in Honor of Hubert L. Dreyfus,* Vol 1., edited by Mark A. Wrathall & Jeff Malpas, New Baskerville: The MIT, 2000.

──────, "Authenticity", *A Companion to Heidegger,* edited by Hubert L. Dreyfus & Mark A. Wrathall, Blackwell, 2005.

Cohen, Richard A., "Authentic Selfhood in Heidegger and Rosenzweig", *Human Studies,* Vol.16, 1993.

Dahlstrom, Daniel O., "Genuine Timeliness, from Heidegger's Concept of Truth", *Heidegger's Being and Time — Critical Essays,* edited by Richard Polt, Lanham: Rowman & Littlefield, 2005.

Dreyfus, Hubert L., *Being — in — the — World — A Commentary on Heidegger's Being and Time,* Division Ⅰ, MA: The MIT, 1991.

──────, "Can There be a Better Source of meaning than everyday practices?", *Heidegger's Being and Time — Critical Essays,* edited by Richard Polt, Lanham: Rowman & Littlefield, 2005.

Dostal, Robert J., "Eros. Freundschaft und Politik: Heideggers Versagen", in: D. Papenfuss, O. Pöggeler(Hrsg.), *Zur philosophischen Aktualität Heideggers,* Bd. 1. Frankfurt a.M, 1991.

Fetz, Reto Luzius, "Zweideutige Uneigentlichkeit — Martin Heidegger als Identitätstheoretiker", Josef Simon(Hrsg.), *Allegemeine Zeitschrift für Philosophie,* JG 17, Stuttgart, 1992.

Freund, Ernest H., "Man's Fall in Martin Heidegger's Philosophy", *The Journal of Religion,* Vol.24, No.3, Jul., 1944.

Guignon, Charles, "Philosophy and Authenticity: Heidegger's Search for a Ground for Philosophizing", *The Cambridge Companion to Heidegger*, edited by Charles Guignon, New York: Cambridge University, 1993.

―――, "Becoming a Self", *The Existentialists*, edited by Charles Guignon, Lanham: Rowman & Littlefield, 2004.

Haugeland, John, "Truth and Finitude: Heidegger's Transcendence Existentialism", *Heidegger, Authenticity, and Modernity − Essays in Honor of Hubert L. Dreyfus,* Vol 1., edited by Mark A. Wrathall & Jeff Malpas, MA: The MIT, 2000.

Havas, Randall, "The Significance of Authenticity", *Heidegger, Authenticity, and Modernity − Essays in Honor of Hubert L. Dreyfus,* Vol 1., edited by Mark A. Wrathall & Jeff Malpas, New Baskerville: The MIT, 2000.

Held, Klaus, "Authentic Existence and the Political World", trans. by Amy Morgan & Felix 'O Murchadha, *Research in Phenomenology,* Volume 26, Number 1, 1996.

Herrman, Friedrich Wilhelm von, *Subjekt und Dasein − Interpretationen zu "Sein und Zeit"*, Frankfurt a.M.: Vittorio Klostermann, 2004.

―――, 『하이데거의 『존재와 시간』을 찾아서』, 신상희 역, 서울: 한길사, 1997.

Hoffman, Piotr, "Death, Time, History: Division Ⅱ of Being and Time", *The Cambridge Companion to Heidegger,* edited by Charles Guignon, New York: Cambridge University, 1993.

Kellner, Douglas, "Authenticity and Heidegger's challenge to ethical theory", *Martin Heidegger − Critical Assessments,* Vol. Ⅳ, edited by Christopher Macann, London & New York: Routledge, 1992.

Luckner, Andreas, *Martin Heidegger: "Sein und Zeit"*, Schöningh,

2001.

Macann, Christopher, "Who is Dasein? Towards an Ethics of Authenticity", *Martin Heidegger - Critical Assessments,* Vol. Ⅳ, edited by Christopher Macann, London & New York: Routledge, 1992.

Mulhall, Stephen, "Human Mortality: Heidegger on How to Portray the Impossible Possibility of Dasein", *A Companion to Heidegger,* edited by Hubert L. Dreyfus & Mark A. Wrathall, Blackwell, 2005.

Ortega, Mariana, "When Conscience Calls, Will Dasein Answer? Heideggerian Authenticity and the Possibility of Ethical Life", *International Journal of Philosophical Studies* Vol.13(1), 2005.

Overeget, Einar, *Seeing the Self - Heidegger on Subjectivity*, Dortrecht: Kluwer, 1998.

Pöggeler, Otto, Der Denkweg Martin Heideggers, Stuttgart: Günter Neske, 1994.

───, 『하이데거 사유의 길』, 이기상 · 이말숙 역, 서울: 문예, 1993.

───, "Sein als Ereignis", *Zeitschrift für Philosophische Forschung* 13, 1959.

Richardson, William J., *Through Phenomenology to Thought,* New York: Fordham University, 2003.

Rigobello, Armando, "Heideggers Kritik des Begriffes 'Wert' und die praktische Bedeutung von 'Eigentlichkeit'", in: D. Papenfuss, O. Pöggeler(Hrsg.), *Zur philosophischen Aktualität Heideggers,* Bd. 1. Frankfurt a.M, 1991.

Sheehan, Thomas and Painter, Corinne, "Choosing one's Fate: A Re-reading of *Sein und Zeit* §74", *Research in Phenomenology,* ⅩⅩⅧ, 1999.

Sheehan, Thomas, "Dasein", *A Companion to Heidegger*, edited by Hubert L. Dreyfus & Mark A. Wrathall, Blackwell, 2005.

Schulz, Walter, "Über den philosophiegeschichtlichen Ort Martin Heideggers", in: Pöggeler, O. (Hrsg.), *Heidegger. Perspektiven zur Deutung seines Werkes*, Weinheim, Beltz, 1970.

Schrag, Calvin O., "Heidegger on Repetition and Historical Understanding", *Philosophical East and West*, Vol.20, No.3, Jul., 1970.

Thöma, Dieter, "Being and Time in Retrospect: Heidegger's Self − Critique", trans. by Daniel J. Dwyer, *Heidegger's Being and Time − Critical Essays*, edited by Richard Polt, Lanham: Rowman & Littlefield, 2005.

Vycinas, Vincent, *Earth and Gods − An Introduction to the Philosophy of Martin Heidegger*, Kluwer, 1969.

White, Carol J., *Time and Death − Heidegger's Analysis of Finitude*, Aldershot: Ashgate, 2005.

Zimmerman, Michael E., *Eclipse of the Self − the Development of Heidegger's Concept of Authenticity*, Ohio University, 1986.

김종두, 『하이데거에 있어서 존재와 현존재』, 서울: 서광사, 2000.

김형효, 『하이데거와 마음의 철학』, 수원: 청계, 2000.

막스 뮐러, 『실존철학과 형이상학의 위기』, 박찬국 역, 서울: 서광사, 1988.

박찬국, 『들길의 사상가, 하이데거』, 파주: 동녘, 2004.

──────, 「죽음은 인간 개개인의 가장 고유한 가능성이다」, 『철학, 죽음을 말하다』, 서울: 산해, 2004.

──────, 『하이데거와 윤리학』, 서울: 철학과 현실사, 2002.

──────, 「니힐리즘의 기원과 본질 그리고 극복에 대한 니체와

하이데거 사상의 비교 고찰」, 『하이데거 연구』 제2집,
한국 하이데거학회, 1997.
이수정, 박찬국, 『하이데거』, 서울: 서울대학교 출판부, 1999.
조형국, 「<존재와 시간>에 나타난 현존재의 일상성과 결단성에
관한 숙고를 바탕으로」, 『하이데거 연구』, 제15집, 2007.
한충수, 「하이데거의 순간에 대하여」, 서울대학교 문학 석사학
위논문, 2007.

III. 기타 문헌

Karl Jaspers, *Psychologie der Weltanschauungen*, München: Serie
Piper, 1985.
Thaddeus Metz, "The Meaning of Life", Stanford Encyclopedia of
Philosophy, first published Tue May 15, 2007.
(http://plato.stanford.edu/entries/life − meaning/)

강갑회, 「야스퍼스에 있어서 한계상황을 통한 실존개명」, 『철학
논총』 제29집, 2002.
뤽 페리, 『신 − 인간, 혹은 삶의 의미』, 우종길 역, 서울: 영림카
디널, 1998.
박찬국, 『에리히 프롬과의 대화』, 박찬국 역, 서울: 철학과 현실
사, 2001.
백승영, 『니체: 차라투스트라는 이렇게 말했다』, 서울대학교 철
학사상연구소, 2003.
사르트르, 『실존주의는 휴머니즘이다』, 왕사영 역, 서울: 청아, 1993.
에리히 프롬, 『자유로부터의 도피』, 원창화 역, 서울: 홍신, 2009.
─────, 『의혹과 행동』, 최혁순 역, 서울: 범우사, 1999.
차건희, 「오해의 철학과 철학적 오해 − 싸르트르와 하이데거」, 『인

문학연구』 제1집, 1996.

F. 니체, 『짜라투스트라는 이렇게 말했다』, 백문영 옮김, 서울: 혜원출판사, 1999.

설민

▌약 력

　서울 출생
　서울대학교 영어영문학과 졸업
　서울대학교 철학과 박사과정

▌논 문

「하이데거에서 본래성과 퇴락의 양립가능성에 대한 연구」

mmmiinnn@gmail.com

하이데거와
인간실존의 본래성

초판인쇄 | 2009년 11월 30일
초판발행 | 2009년 11월 30일

지 은 이 | 설민
펴 낸 이 | 채종준
펴 낸 곳 | 한국학술정보㈜
주　　소 | 경기도 파주시 교하읍 문발리 파주출판문화정보산업단지 513-5
전　　화 | 031) 908-3181(대표)
팩　　스 | 031) 908-3189
홈페이지 | http://www.kstudy.com
E-mail | 출판사업부　publish@kstudy.com
등　　록 | 제일산-115호(2000. 6. 19)

ISBN　978-89-268-0557-2 93160 (Paper Book)
　　　　978-89-268-0558-9 98160 (e-Book)

내일을여는지식 은 시대와 시대의 지식을 이어 갑니다.